RYAN HOLIDAY

DEIN HINDERNIS IST DEIN WEG

Mit der Weisheit der alten Stoiker Schwierigkeiten in Chancen verwandeln

FBV

Bibliografische Information der Deutschen Nationalbibliothek
Die Deutsche Nationalbibliothek verzeichnet diese Publikation in der Deutschen Nationalbibliografie. Detaillierte bibliografische Daten sind im Internet über https://dnb.de abrufbar.

Für Fragen und Anregungen
info@m-vg.de

Wichtiger Hinweis
Ausschließlich zum Zweck der besseren Lesbarkeit wurde auf eine genderspezifische Schreibweise sowie eine Mehrfachbezeichnung verzichtet. Alle personenbezogenen Bezeichnungen sind somit geschlechtsneutral zu verstehen.

2. Auflage 2026

Türkenstraße 89
80799 München
Tel.: 089 651285-0

Die englische Originalausgabe erschien 2014 unter dem Titel *The obstacle is the way. The ancient art of turning adversity to advantage* bei Portfolio, ein Imprint der Penguin Publishing Group. Die englische Originalausgabe der erweiterten Jubiläumsausgabe erschien 2024 unter dem Titel *The Obstacle is the Way Expanded 10th Anniversary Edition: The Timeless Art of Turning Trials into Triumph* ebenfalls bei Portfolio.

Übersetzung: Jürgen Neubauer
Umschlaggestaltung: Maria Wittek
Umschlagabbildung: unter Verwendung von Shutterstockbildern (Shutterstock/Olga Kovalenko)
Satz: Daniel Förster
Druck: GGP Media GmbH, Pößneck
Printed in the EU

ISBN Print 978-3-95972-801-0
ISBN E-Book (EPUB, Mobi) 978-3-98609-568-0

INHALT

TEIL 2

TEIL 3

SCHLUSSGEDANKEN

NACHWORT

ZEHN JAHRE SPÄTER

Ich würde nicht so weit gehen zu sagen, dass das zurückliegende Jahrzehnt – die gut zehn Jahre, die inzwischen seit der Erstveröffentlichung dieses Buchs vergangen sind – eine schwere Zeit gewesen wäre.

Es wäre vermutlich auch unschön, dies im Vorwort zu einem Buch zu schreiben, in dem es darum geht, wie man Hindernisse überwindet.

Aber man kann durchaus sagen, dass eine Menge passiert ist.

Wir haben Naturkatastrophen erlebt, Überschwemmungen und Brände. In einer eisigen Winternacht brach unser Stromnetz zusammen und sämtliche Wasserleitungen froren auf. Eine lange Dürre brachte Tod und Verderben über unser Vieh und Land. Eine verheerende jahrelange Pandemie machte viele unserer Pläne zunichte (und hätte fast unserem unabhängigen Buchladen, den wir dem Virus zum Trotz eröffneten, den Garaus gemacht). Geschäftspartner machten Ärger und ein Mitarbeiter unterschlug Geld. Wir mussten zu Beerdigungen und bekamen nächtliche Anrufe, wie sie kein Mensch sich wünschen kann. Das Unternehmen, in dem meine berufliche Laufbahn begonnen hatte, ging bankrott und verschlang nicht nur einen Gutteil meines Lebenslaufs, sondern auch Aktienoptionen im Wert von einigen Jahresgehältern.

Wie ein alter Fluch besagt: »Mögest du in interessanten Zeiten leben.«

Interessant waren die Zeiten in der Tat.

Es folgte eine weltweite Zulieferkrise mit Papierknappheit in der Verlagsbranche. Unsere Familie wurde von Streitigkeiten zerrissen. Hunderttausende Meilen auf der Straße. Ärger mit Bestsellerlisten, kreative Differenzen, der tägliche Kampf gegen das Aufschieben. Gleichzeitig driftete das Land immer weiter Richtung Faschismus, Menschen gingen auf die Straße, die Institutionen versagten.

Es gab allerdings auch viel Gutes. Zehn Jahre Ehe. Kinder. Unternehmerischer Erfolg. Sonnenaufgänge, Sonnenuntergänge, wunderschöne Anblicke und neue Entdeckungen. Wiederbelebte Freundschaften, Durchbrüche in der Therapie. Dieses Buch fand seinen Weg in die Umkleidekabinen von Profisportlern und die Büros von Politikern. Es wurde zum Bestseller und bescherte mir Aufmerksamkeit, Anfragen, Honorar, Anerkennung, eine Plattform, aber auch gestiegene Erwartungen …

Wenn ich mir heute die Hörbuchfassung anhöre (deren englische Fassung ich selbst eingesprochen habe), erkenne ich die Stimme meines jüngeren Selbst kaum wieder – eines Menschen, der so viel weniger erlebt hatte und so viel weniger wusste.

So viel ist passiert in diesen wenigen Jahren. Sicher, so ist das moderne Leben, aber so ist auch das Leben, wie es schon immer war, wie es auch jemand zur Zeit des stoischen Philosophen Zeno im dritten vorchristlichen Jahrhundert wiedererkennen würde, oder knapp fünfhundert Jahre später im Rom von Marc Aurel.

Der Grundgedanke dieses Buchs ist, dass jede Situation ihre verborgenen Chancen bietet, und dass Unternehmen, Teams und Menschen in einer scheinbar ausweglosen Lage Möglichkeiten finden können, um zu triumphieren. »Das Harte lässt sich erweichen, das Enge erweitern, und das Schwere drückt einen, der es geschickt trägt, weniger«, schreibt Seneca in einem seiner Briefe.

Das trifft insbesondere auf schwierige Zeiten zu, doch durch die Erfahrungen der letzten Jahre habe ich besser verstanden, worauf die Stoiker hinauswollen. Aus dem Leid und dem Kampf der Jahrhunderte haben sie etwas gelernt, das noch weit tiefer reicht als die Erkenntnis, dass jede schlechte Seite auch eine gute Seite hat.

Wie kann man einem Menschen etwas vom Silberstreif am Horizont erzählen, wenn er Krebs hat, wenn er gerade ein Kind verloren hat, wenn er seine quälende Sucht nicht in den Griff bekommt, wenn er ausgebombt wurde, wenn er seinen Lebensunterhalt verloren hat?

Heute verstehe ich: Wenn die Stoiker davon sprechen, dass jedes Hindernis eine Chance bietet, dann meinen sie damit die Chance, sich in Tugend zu üben. Ein guter Mensch zu sein trotz aller Widrigkeiten, die uns begegnen. Gutes zu tun, trotz all des Schlechten, das wir erfahren. Sie nannten es *Arete* – Vortrefflichkeit in jeder Form.

Persönlicher Nutzen? Das vielleicht auch, doch das war nicht ihr Hauptanliegen. Wenn sie das Hindernis als Weg bezeichneten, dann wollten sie uns vielmehr sagen, dass sich die schwierigsten und schmerzlichsten Momente des Lebens durch Geduld, Selbstlosigkeit, Mut, Güte und Anstand verwandeln lassen.

Aber sie dachten nicht nur an Widrigkeiten. Auch Momente des Erfolgs sind eine Chance, Tugend unter Beweis zu stellen. Sie verlangen es sogar. Denn Erfolg geht immer mit Versuchungen einher, mit Ablenkungen, mit Belastungen, mit Verantwortung, mit Pflichten und mit neuen Hindernissen. Größe bedeutet auch, im Angesicht der Fülle bescheiden, diszipliniert, anständig und großzügig zu sein und seinen Werten treu zu bleiben. Das ist nicht einfach.

Dass ich als Jugendlicher zufällig die Philosophie der Stoa entdeckte, erwies sich als eines der großen Geschenke meines Lebens. Damals brauchte ich dringend Orientierung. Damals spürte ich auch eine erste leise Berufung zum Schreiben, und schließlich gelang es mir, diese beiden Leidenschaften miteinander zu verbinden.

Als ich im Sommer 2012 mit meiner Idee für dieses Buch auf meinen Verlag zuging, stieß ich dort auf keine große Begeisterung. Ich war etwas gekränkt, doch rückblickend ist mir klar, wie offen die Lektoren waren, als sie sich überhaupt für ein Buch über eine obskure antike Denkrichtung interessierten (dessen Autor obendrein ein 25-jähriger Studienabbrecher war). Diese

Offenheit hatte freilich ihre Grenzen, und der Verlag bot mir als Vorschuss gerade einmal die Hälfte dessen, was ich für mein erstes Buch erhalten hatte, obwohl sich das ordentlich verkaufte und in der Presse gut besprochen wurde.

Lange nachdem dieses Buch erschienen war, gestand mir meine Lektorin, sie habe damals gehofft, dass ich mir damit das Thema Philosophie von der Seele schreiben und wieder zum Thema Wirtschaft und Marketing zurückkommen würde. Vermutlich hatte sie Recht – die Idee war verrückt. Jemand, den ich für einen Freund und Mentor hielt, stichelte hinter vorgehaltener Hand, dass das Buch ein Flop werden würde.

Unterschätzt zu werden ist oft von Vorteil, so frustrierend es im Moment auch sein kann. Die Erwartungen waren niedrig. Für ein Wirtschaftsbuch war das Konzept so absurd, dass es als Gegenentwurf gelten konnte, und das brachte ihm sogar wieder ein bisschen Aufmerksamkeit ein. In der ersten Woche schlug sich *Dein Hindernis ist dein Weg* ganz gut, dann dümpelten die Verkäufe vor sich hin, auch wenn sie nie auf Null fielen. Amazon verkaufte das Buch in einer Sonderaktion, und der Algorithmus erwies sich als Segen. Als gut anderthalb Jahre später bekannt wurde, dass die New England Patriots das Buch auf dem Weg zum Gewinn der Superbowl gelesen hatten (und ihre Gegner, die Seahawks, nach der schmerzlichen Niederlage), kam der Verlag plötzlich nicht mehr mit dem Drucken nach. Ein Jahrzehnt später ist das Buch in vierzig Sprachen übersetzt und hat sich allein in der englischen Ausgabe mehr als zwei Millionen mal verkauft.

Verkäufe sind natürlich erfreulich, aber noch mehr freue ich mich, dass diese »obskure« antike Philosophenschule inzwischen nicht mehr ganz so obskur ist. Im Jahr 2012 fanden sich im Internet nur einige Tausend Leute, die sich für Epiktet, Seneca oder Marc Aurel interessierten. Heute erreicht mein Blog *Daily Stoic*, den ich seit 2016 betreibe, schon vor dem Frühstück eine Million Leser. Heute gibt es mehr Stoiker als jemals zuvor in der Geschichte!

In diesem Buch und meinem Newsletter werden Sie feststellen, dass ich nicht von mir selbst spreche. Wenn auf den folgenden Seiten das Wort »Ich« vorkommt, dann nur als »lyrisches Ich«. Das bedeutet allerdings nicht, dass meine Bücher und mein Verständnis der stoischen Philosophie nicht von meinen persönlichen Erfahrungen geprägt wären. Ganz im Gegenteil.

Das ist im Übrigen ein weiterer Beleg dafür, dass das Hindernis immer der Weg sein kann.

»Ein Schriftsteller sollte – genau wie jeder andere Mensch auch – jede Erfahrung als Werkzeug begreifen«, sagte der argentinische Schriftsteller Jorge Luis Borges einmal. »Alles, was wir im Leben erhalten, hat einen Zweck, und das sollten Künstler noch intensiver spüren. Was auch immer uns widerfährt, auch sämtliche Demütigungen, Missgeschicke oder Peinlichkeiten, sind der Stoff oder der Lehm, aus dem wir unsere Kunst formen können.«

Unsere persönlichen Erfahrungen werden zur Nahrung für unsere Schöpfungen und zum Brennofen, der uns formt. Egal wie schrecklich oder ungerecht eine Erfahrung sein mag und wie teuer sie uns zu stehen kommt, kann ich sie beim Schreiben als Material verwenden. Nichts ist je vergeudet, nichts ist wirklich schlecht. In jeder Erfahrung findet sich dieser stille Trost, dass ich sie vielleicht irgendwann produktiv nutzen kann.

Das geht nicht nur mir so. Auch große Führungspersönlichkeiten, Komiker, Sportler, Offiziere und Eltern wissen das. Egal was uns passiert, wir können es verwenden, um uns und anderen zu helfen.

Auch wenn es auf den kommenden Seiten also um Geschichte und Philosophie geht, sind sie auch das Produkt meiner eigenen Geschichte – Erfolge und Misserfolge, Höhen und Tiefen, Abstürze und Durchbrüche.

Würde ich das Buch heute anders schreiben? Natürlich. (Deshalb habe ich in dieser Jubiläumsausgabe auch einige Ergänzungen und Korrekturen vorgenommen.) Und sollte ich das Buch in zehn Jahren wieder aktualisieren, dann werde ich hoffentlich weitere Veränderungen vornehmen, weil ich weiser geworden bin und das Gedankengut noch tiefer durchdringe.

Vor allem ist alles, was Sie hier lesen, etwas, das ich selbst brauchte, als ich es geschrieben habe – eine Lektion, die ich selbst am dringendsten nötig hatte. Dass es Lesern in aller Welt weitergeholfen hat, gehört zu den »Erscheinungen, die im Gefolge von Naturvorgängen auftreten«, wie es Marc Aurel in seinen *Selbstbetrachtungen* nennt – das erfreuliche Nebenprodukt eines zeitlosen Geschehens.

Denn genau das ist stoische Philosophie: ein geniales Gespräch, das vor Jahrtausenden begonnen hat. Männer und Frauen, die mit sich selbst zu Rate gehen, die sich in der Unterredung mit sich selbst über Hindernisse und

Chancen im Großen und Kleinen klar werden, und die sich selbst anhalten, vortrefflich und tugendhaft zu handeln und das zu tun, was von ihnen verlangt wird.

Es ist mir eine Ehre, Sie zu diesem Gespräch einzuladen.

The Painted Porch
Bastrop, Texas
2024

VORWORT

Eines Nachts im Jahr 170 setzte sich Marc Aurel, Kaiser Roms, in sein Zelt an der germanischen Front und begann zu schreiben. Es könnte auch im Morgengrauen in seinem Palast auf dem Palatin gewesen sein. Oder er nahm sich während der Spiele im Kolosseum ein paar Momente. Der genaue Ort spielt keine Rolle. Das Entscheidende ist, dass dieser Mann, den wir heute als den letzten der fünf guten Kaiser kennen, den Griffel zur Hand nahm.

Er schrieb nicht für ein Publikum, sondern nur für sich selbst. Aber was er da aufzeichnete, war zweifellos eine der wirksamsten bekannten Formeln für den Umgang mit sämtlichen Widrigkeiten, die uns im Laufe unseres Lebens begegnen können. Diese Formel verrät, wie wir nicht *trotz* der ungünstigen Umstände erfolgreich sein können, sondern genau ihretwegen.

In diesem Moment schrieb er nur einen einzigen Absatz. Was er schrieb, war nicht sonderlich originell, seine Lehrer und Vorbilder hatten es in der einen oder anderen Form lange vor ihm gesagt. Aber in weniger als hundert

Wörtern drückte er diesen zeitlosen Gedanken so klar aus wie keiner der großen Denker vor ihm – Chrysippus, Zeno, Kleanthes, Ariston, Junius Rusticus, Epiktet, Seneca, Musonius Rufus.

> *Meine Tätigkeit [könnte] wohl in gewisser Hinsicht gehindert werden, aber für meine Entschlüsse und meine Seelenverfassung gibt es keine Hindernisse, weil ich sie in Gedanken beseitigen kann und die Fähigkeit habe, sie umzukehren.*

Und er schließt den Absatz mit den starken Worten, die wie ein Kampfruf wirken:

> *So wird das förderlich, was das Unternehmen hemmen will. Was den Weg versperren will, hilft den Weg bereiten.*

In den Worten von Marc Aurel steckt das Geheimnis der Kunst, Hindernisse umzukehren und für unsere Zwecke zu nutzen und damit Auswege zu finden oder auf anderen Wegen ans Ziel zu kommen. So werden Schwierigkeiten oder Rückschläge immer einkalkuliert und sind nie von Dauer, und Widerstände machen uns stärker.

Aus dem Mund dieses Mannes waren dies keine leeren Worte. Während seiner neunzehnjährigen Herrschaft befand er sich fast ununterbrochen im Krieg, überlebte eine verheerende Epidemie, sah sich mit Verrat konfrontiert, musste den Umsturzversuch eines seiner engsten Vertrauten niederschlagen, reiste kreuz und quer durch sein riesiges Reich, von Kleinasien nach Syrien, Ägypten, Griechenland und Germanien, während die Staatskasse ausblutete und sein gieriger Stiefbruder an seiner Seite regierte. Die Liste seiner Probleme war schier endlos.

Aber nach allem, was wir über ihn wissen, erkannte er in jedem dieser Hindernisse eine Möglichkeit, eine Tugend zu üben: Geduld, Mut, Bescheidenheit, Einfallsreichtum, Vernunft, Gerechtigkeit oder Kreativität. Es scheint, als hätten ihm weder die Macht noch die Bürde jemals die Sinne vernebelt. Selten ließ er sich zu Zorn und Ausschweifungen hinreißen, und nie zu Hass oder Bitterkeit. Wie der englische Denker Matthew Arnold 1863 schrieb, saß Marc Aurel auf dem mächtigsten Thron seiner Zeit – und die Menschen in seinem Umfeld kamen einstimmig zu dem Schluss, dass er dieser Rolle würdig war.

Aber nicht nur Marc Aurel hielt sich an das Motto, das er in diesem kurzen Absatz formuliert. Auch andere Männer und Frauen lebten nach diesem Gedanken. Die Erkenntnis hat sich über die Jahrtausende hinweg auf erstaunliche Weise bewährt.

Der Gedanke lässt sich vom Höhepunkt des Römischen Reichs über die künstlerische Blütezeit der Renaissance bis zu den bahnbrechenden Erkenntnissen der Aufklärung verfolgen. Im Pioniergeist des Wilden Westens kommt er ebenso zum Ausdruck wie im Erfindungsreichtum der Industriellen Revolution. Im Mut der Bürgerrechtler begegnen wir ihm genauso wie in den Kriegsgefangenenlagern von Vietnam. Und heute finden wir ihn in den Umkleideräumen von siegreichen Sportmannschaften und in den Händen von Olympia-

Goldmedaillengewinnern, die sich ebenso darauf verlassen wie die Führungskräfte in Spitzenunternehmen, Krankenhäusern und Organisationen, die die Welt verändern. Es ist ein Werkzeugkasten für Special Forces und Aktivisten gleichermaßen.

Das Motto ist Aufsteigern ein Antrieb und Verantwortungsträgern eine Stütze. Im Krieg oder in der Vorstandsetage, auf allen Kontinenten und zu allen Zeiten mussten Männer und Frauen, Arme und Reiche und Angehörige aller gesellschaftlichen Gruppen und Klassen mit Schwierigkeiten ringen und Hürden überwinden. Sie alle mussten lernen, Hindernisse umzukehren und für ihre Zwecke zu nutzen.

Diese Auseinandersetzung prägte das Leben all dieser Menschen. Ob sie es wussten oder nicht, sie alle gehörten einer alten Tradition an und bedienten sich ihrer, um Chancen zu nutzen, Probleme zu bewältigen, Schwierigkeiten zu meistern und Erfolge zu feiern.

Wir treten heute ihr Erbe an. Womit wir auch konfrontiert werden, wir haben eine einfache Wahl: Wir können uns von den Hürden auf unserem Weg aufhalten lassen, oder wir können sie überwinden und weitergehen.

Auch wenn wir keine Kaiser sind, stellt uns die Welt ständig vor neue Aufgaben. Und sie fragt: Sind wir ihnen gewachsen? Werden wir mit Hindernissen fertig, die sich uns unweigerlich in den Weg stellen werden? Stehen wir auf und zeigen, aus welchem Holz wir geschnitzt sind?

Viele Menschen haben diese Frage mit Ja beantwortet. Und eine kleinere Gruppe hat vorgemacht, dass man an Hindernissen sogar wachsen kann, weil der Gegenwind mehr aus ihnen herausholte, als sie unter normalen Umständen gegeben hätten.

Nun ist es an Ihnen zu sehen, ob Sie zu diesen Menschen gehören und ob Sie sich Ihnen anschließen. Dieses Buch weist Ihnen den Weg.

EINLEITUNG

Diese Sache, mit der Sie konfrontiert werden. Dieses Problem. Dieses Hindernis – diese frustrierende, leidige, schwierige und unerwartete Klippe, die Ihnen den Weg verbaut. Der Fall, den Sie fürchten und von dem Sie hoffen, dass er nie eintreten wird. Was wäre, wenn das gar nicht so schlimm wäre?

Was wäre, wenn es Ihnen sogar einen gewissen Nutzen bringen würde? Was würden Sie tun? Was würden die meisten anderen Menschen tun?

Wahrscheinlich das, was sie immer getan haben, und das, was Sie gerade tun: nämlich gar nichts.

Seien wir ehrlich: Die meisten von uns sind wie gelähmt. Egal welches Ziel wir verfolgen, die meisten Menschen erstarren angesichts der vielen Hindernisse auf ihrem Weg wie das Kaninchen vor der Schlange.

Auch wenn wir es nicht wahrhaben wollen, es ist eine Tatsache.

Die Hindernisse haben Namen. Gesellschaftliche Hindernisse heißen unzeitgemäße Institutionen, steigende Arbeitslosigkeit, explodierende Bildungskosten, technische Neuerung. Individuelle Hindernisse heißen: keine Kapazitäten, keine Flexibilität, kein Mut, kein Geld, keine Zeit, kein Zugang, keine Unterstützer, kein Selbstvertrauen. Wie leicht es uns doch fällt, Listen mit all dem aufzustellen, was uns behindert!

Jeder steht vor seinen eigenen Hürden. Doch die Reaktion ist immer dieselbe: Angst, Enttäuschung, Verwirrung, Groll, Niedergeschlagenheit, Zorn, Verzweiflung.

Sie wissen, was Sie wollen, aber Sie haben das Gefühl, ein unsichtbarer Feind errichtet Mauern oder fesselt Sie. Sie versuchen, ein Ziel zu erreichen, aber unweigerlich steht irgendetwas im Weg und durchkreuzt Ihre Pläne. Sie haben gerade noch genug Freiraum, um zu erkennen, dass Sie nicht vorankommen. Gerade noch genug, um das Gefühl zu haben, dass Sie selbst schuld sind, wenn Sie Ihre Ziele nicht erreichen oder keine Dynamik entwickeln.

Wir sind unzufrieden mit unserer Arbeit, unseren Beziehungen, unserer Position. Wir wollen etwas erreichen, aber irgendetwas steht uns im Weg.

Also legen wir die Hände in den Schoß und tun nichts.

Wir suchen die Schuld bei unseren Vorgesetzten, der Wirtschaft, der Politik und anderen Menschen, oder wir schimpfen uns selbst Versager und halten unsere Ziele für unrealistisch. Aber in Wirklichkeit gibt es nur ein einziges Problem: unsere Einstellung und Herangehensweise.

Zahllose Bücher beschreiben den Weg zum Erfolg. Aber wir haben nie gelernt, mit Scheitern umzugehen oder Hindernisse zu überwinden, und deshalb kommen wir keinen Schritt weiter. Von allen Seiten scheinen die

Probleme auf uns einzustürmen, und wir fühlen uns verwirrt und zerrissen. Wir können nur noch reagieren. Wir sind ratlos.

Nicht alle Menschen reagieren mit dieser Art Schockstarre. Bewundernd sehen wir zu, wie andere genau die Hindernisse, die uns den Weg versperren, zu Startrampen für ihren Erfolg machen. Wie schaffen sie das? Was ist ihr Geheimnis?

Und was uns noch mehr verwirrt: Frühere Generationen standen vor noch viel größeren Schwierigkeiten, hatten weniger Mittel und kein Netz, das sie auffing. Sie standen vor denselben Hürden wie wir und mussten außerdem noch einen ganzen Sack voll weiterer Probleme überwinden. Obwohl es uns besser geht, kommen wir trotzdem nicht weiter.

Was haben diese Menschen, was wir nicht haben? Was haben wir übersehen? Es ist ganz einfach: Eine Sprache und eine Methode, um die Hindernisse des Lebens als Chance zu begreifen und zu überwinden.

John D. Rockefeller wusste, wie es geht: Seine Methode war ein kühler Kopf und Selbstbeherrschung. Der antike Staatsmann Demosthenes wusste, wie es geht: Seine Methode war die unermüdliche Arbeit an sich selbst. Abraham Lincoln wusste, wie es geht: Sein Geheimnis waren Bescheidenheit, Hartnäckigkeit und Mitgefühl.

Auch anderen Namen werden Sie in diesem Buch immer wieder begegnen: Ulysses S. Grant, Thomas Alva Edison, Margaret Thatcher, Samuel Zemurray, Amelia Earhart, Dwight D. Eisenhower, Richard Wright, Jack Johnson, Theodore Roosevelt, Steve Jobs, James Stockdale, Laura Ingalls Wilder.

Einige dieser Männer und Frauen mussten zusätzlich zu den alltäglichen Enttäuschungen, die wir alle kennen, sehr viel größere Schwierigkeiten überwinden, zum Beispiel Gefangenschaft oder Krankheit. Daneben hatten sie mit denselben Rivalitäten, politischen Widerständen, Tragödien, Vorurteilen, Trennungen, Belastungen und wirtschaftlichen Nöten zu kämpfen wie wir. Oder weitaus schlimmeren.

Doch unter Druck veränderten sich diese Menschen. Was mit ihnen vorging, erinnert an die Aussage des früheren Intel-Chefs Andy Grove über Unternehmen in schwierigen Zeiten: »In der Krise werden schlechte Unternehmen zerstört. Gute Unternehmen überleben. Große Unternehmen werden besser.«

Genau wie große Unternehmen finden große Menschen Möglichkeiten, um aus einer Schwäche eine Stärke zu machen. Es ist eine erstaunliche und mitreißende Fähigkeit. Sie nehmen ein Hindernis – vielleicht dasselbe, das Ihnen gerade den Weg verbaut – und nutzen es, um ihrem Ziel näher zu kommen. Dies ist etwas, das alle großen Männer und Frauen der Geschichte gemeinsam haben. So wie Sauerstoff ein Feuer anfacht, machen sie Hindernisse zum Brennstoff für das Feuer ihres Ehrgeizes. Nichts kann sie aufhalten, nichts kann sie entmutigen oder zurückhalten. Jedes Hindernis dient nur dazu, die Flammen in ihnen höher lodern zu lassen.

Diese Menschen kehren Hindernisse um und nutzen sie für ihre Zwecke. Sie leben nach dem Motto von Marc Aurel und gehören zu einer Gruppe von Menschen, die Cicero als »die einzig wahren Philosophen« bezeichnete, auch wenn sie vielleicht nie von diesen gehört haben: Sie sind Stoiker. Sie verfügen über den Blick, Hindernisse richtig wahrzunehmen, die Kreativität, sie für sich zu nutzen, und den Willen, in einer weitgehend unbeherrschbaren und undurchschaubaren Welt zu bestehen.

Mal ehrlich: Wir kommen nur selten in Situationen, die so ausweglos sind, dass wir sie einfach über uns ergehen lassen müssen. In den meisten Fällen schlagen wir uns mit kleineren Problemen oder leidlich widrigen Umständen herum. Oder wir strengen uns an und stellen fest, dass wir nicht weiterkommen und uns die Ideen ausgehen. Drehen Sie das Hindernis um und nutzen Sie es für sich. Finden Sie eine gute Seite. Benutzen Sie es als Holzscheit für Ihr Feuer.

Es ist ganz einfach. Einfach, aber zugegeben: Es erfordert einen gewissen Einsatz.

Dieses Buch will keinen überschäumenden und blinden Optimismus verbreiten. Es geht nicht darum, die Augen vor echten Schwierigkeiten zu verschließen oder die andere Wange hinzuhalten, wenn Ihnen jemand übel mitgespielt hat. Hier finden Sie keine netten Sprüche fürs Poesiealbum oder wohlklingende, aber nutzlose Redensarten.

Dieses Buch ist auch keine Abhandlung über den Stoizismus. Es gibt eine Menge Bücher über diese philosophische Schule, geschrieben von einigen der klügsten Denker aller Zeiten. Es gibt keinen Grund, die Bücher dieser Philosophen noch einmal zu schreiben – lesen Sie lieber die Originale. Kaum eine Denkrichtung ist so zugänglich. Man könnte meinen, diese Bücher wären gestern geschrieben worden, nicht vor zwei Jahrtausenden.

Doch dieses Buch nimmt ihre gesammelte Weisheit – wie sie in Büchern, Tagebüchern, Liedern, Gedichten und Geschichten überliefert und über Jahrtausende im Brennofen der menschlichen Erfahrung geläutert wurde – und hilft Ihnen, sie auf unser aller konkretes und zunehmend dringliches Ziel anzuwenden: Hindernisse überwinden. Mentale Hindernisse. Emotionale Hindernisse. Wahrgenommene Hindernisse.

Mit diesen Hindernissen sind wir jeden Tag konfrontiert. Besser mit ihnen umzugehen und sie aus dem Weg zu räumen ist ein wichtiger erster Schritt. Doch es geht um mehr: Was wäre, wenn Sie jedes Hindernis zu einem Vorteil ummünzen könnten? Wenn Sie jedes Hindernis nutzen könnten, um das zu werden, was Sie in diesem Moment sein sollten?

Es wird also ein gnadenlos pragmatisches Buch voller Anekdoten, das Ihnen die Kunst der Hartnäckigkeit und Kreativität vermittelt. Es zeigt Ihnen, wie Sie sich von Hindernissen befreien und Ihre Kräfte freisetzen können. Wie Sie die vielen negativen Situationen, in die Sie geraten, in positive umwandeln können, oder wie Sie zumindest den größtmöglichen Vorteil daraus ziehen können. Und wie Sie dem Pech das Glück abjagen.

Es geht nicht darum, sich einzureden, dass eine Situation doch eigentlich gar nicht so schlimm ist. Es geht darum, den Willen zu haben, das Gute in einer Situation zu erkennen, weil sie eine Chance bietet, den nächsten Schritt zu gehen oder eine bessere Richtung einzuschlagen. Sie sollen nicht »positiv denken«, sondern lernen, gnadenlos kreativ und opportunistisch zu sein.

Nicht: Das ist doch gar nicht so schlimm.

Sondern: Ich kann das zum Guten wenden.

Weil es machbar ist. Weil es schon immer gemacht wurde und in diesem Moment gemacht wird. Jeden Tag. Das ist die Kraft, die dieses Buch freisetzen will.

DIE HINDERNISSE AUF UNSEREM WEG

Buddhistische Mönche erzählen eine uralte Geschichte über einen König, dessen Volk bequem geworden war. Das missfiel dem König, und er wollte seinen Leuten eine Lektion erteilen. Er hatte einen einfachen Plan: Er versperrte den Zugang zur Stadt mit einem großen Felsen und versteckte sich in der Nähe, um die Reaktionen seiner Untertanen zu beobachten.

Wie würden sie reagieren? Würden sie sich zusammentun, um den Felsen aus dem Weg zu rollen? Oder würden sie entmutigt umkehren und nach Hause zurückgehen?

Mit wachsender Enttäuschung sah der König, wie ein Untertan nach dem anderen vor dem Hindernis kehrtmachte, oder bestenfalls halbherzige Anstrengungen unternahm und rasch aufgab. Viele beklagten die missliche Situation oder verfluchten den König oder das Schicksal, aber niemand unternahm wirklich etwas dagegen.

Nach einigen Tagen kam ein einsamer Bauer des Weges, der in die Stadt wollte. Er kehrte nicht um. Stattdessen lehnte er sich mit aller Macht gegen den Felsen, um ihn aus dem Weg zu räumen. Dann kam ihm ein Gedanke: Er lief in den nahen Wald, um etwas zu suchen, das er als Hebel verwenden konnte. Schließlich kam er mit einem langen Ast zurück und stemmte damit den Felsen aus dem Weg.

Unter dem Stein fand er einen Beutel mit Goldmünzen und einen Brief des Königs, in dem es hieß:

> *»Das Hindernis auf dem Weg wird zum Weg. Vergiss nie, dass jedes Hindernis die Möglichkeit birgt, unsere Situation zu verbessern.«*

Was hält Sie zurück?

Körperliche Hindernisse? Größe? Hautfarbe? Entfernung? Behinderung? Geld?

Mentale Hindernisse? Angst? Ungewissheit? Unerfahrenheit? Vorurteile?

Vielleicht haben Sie Angst, dass man Sie nicht ernst nehmen könnte. Oder dass Sie zu alt sind. Oder dass es Ihnen an Unterstützern und Mitteln fehlt. Vielleicht schränken Gesetze oder Vorschriften Ihre Spielräume ein. Oder Ihre Verpflichtungen. Oder falsche Ziele und Selbstzweifel.

Was immer es sein mag, Sie stehen davor wie die Untertanen vor dem Felsen. Genau wie wir alle.

Und …?

Das sind echte Hindernisse. Natürlich. Das würde niemand abstreiten.

Aber sehen Sie sich an, wer schon vor Ihnen an dieser Stelle gestanden hat. Sportler, die zu klein waren. Piloten, die nicht gut genug sahen. Visionäre, die ihrer Zeit voraus waren. Menschen dieser oder jener Hautfarbe. Schulabbrecher und Legastheniker. Waisen, Einwanderer, Neureiche, Pedanten, Ideologen, Träumer. Menschen, die aus dem Nichts kamen, oder schlimmer noch, von Orten, an denen ihre Existenz jeden Tag in Gefahr war. Wie haben sich diese Leute verhalten?

Es stimmt, viel zu viele haben aufgegeben. Aber einige eben nicht. Sie haben die Herausforderung angenommen, dass sie doppelt so gut sein mussten wie alle anderen. Sie haben mehr gegeben. Sie haben nach Abkürzungen und Schwachstellen gesucht. Sie haben Verbündete unter fremden Gesichtern entdeckt. Sie mussten viel einstecken. *Alles* war ein Hindernis, das sie für sich nutzen mussten.

Und?

In diesen Hindernissen steckte eine Chance. Die haben sie ergriffen. Und deshalb haben sie etwas erreicht. Von diesen Menschen können wir lernen.

Egal ob Sie keine Arbeit finden, gegen Vorurteile ankämpfen müssen, kein Geld haben, in einer unbefriedigenden Beziehung gefangen sind, mit aggressiven Konkurrenten kämpfen, mit sturen Mitarbeitern auskommen müssen, oder eine kreative Blockade haben – Sie müssen wissen, dass es Auswege gibt. Wenn Ihnen der Wind ins Gesicht bläst, dann können Sie ihn für sich nutzen, wenn Sie sich diese Menschen zum Vorbild nehmen.

Alle großen Erfolge, ob in der Politik, der Wirtschaft, der Kunst oder der Liebe, waren nur möglich, weil schwierige Probleme mit einer Mischung aus Kreativität, Entschlossenheit und Mut gelöst wurden. Wenn Sie ein Ziel haben, dann zeigen Ihnen die Hindernisse sogar, wie Sie es erreichen können. Oder wie Benjamin Franklin schrieb: »Wenn es schmerzt, lehrt es.«

Heute kommen die wenigsten Hindernisse von außen. Seit Ende des Zweiten Weltkriegs leben wir in beispiellosem Wohlstand. Wir haben weniger äußere Feinde und weniger Krankheiten und verfügen über bessere soziale Sicherungsnetze. Trotzdem richtet sich die Welt nur selten nach unseren Wünschen.

Denn die meisten Hindernisse befinden sich in unseren Köpfen. Wir sind beruflich frustriert, bleiben hinter unseren Erwartungen zurück und haben uns in der Hilflosigkeit eingerichtet. Und wir leiden noch immer unter denselben überwältigenden Gefühlen wie die Menschen aller Zeiten: Trauer, Schmerz, Verlust.

Viele unserer Probleme haben ihre Ursachen gerade in unserem Überfluss: Die Technik verändert sich mit rasanter Geschwindigkeit, wir ernähren uns von Fastfood, und von allen Seiten strömen Ratschläge auf uns ein, wie wir zu leben haben. Wir sind schwach, verwöhnt und konfliktscheu. Großer Reichtum ist ein großer Weichspüler. Auch Überfluss kann ein Hindernis sein, wie viele von uns aus eigener Erfahrung wissen.

Unsere Generation braucht mehr denn je einen Hebel, um Hindernisse aus dem Weg zu räumen und inmitten der Unübersichtlichkeit erfolgreich zu sein. Eine neue Herangehensweise, um Probleme für sich zu nutzen und sie als Leinwand für ihre Meisterwerke zu benutzen. Dieser flexible Ansatz eignet sich für Unternehmer genauso wie für Künstler, für Erfinder genauso wie für Trainer, für Schriftsteller genauso wie für Weise oder alleinerziehende Mütter.

MITTENDURCH

> Es genügen das jeweils vorhandene Auffassungsvermögen, das jeweils praktizierte solidarische Handeln und die jeweilige Verfassung der Seele mit ihrer positiven Einstellung gegenüber allem, was aufgrund einer äußeren Veranlassung geschieht.
>
> – Marc Aurel

Der Umgang mit Hindernissen ist eine Disziplin, die man erlernen kann und die aus drei Schritten besteht.

1. Ihre Herangehensweise an Probleme, Ihre Einstellung und Ihre Sichtweise.
2. Die Energie und Kreativität, mit der Sie diese Schwierigkeiten herunterbrechen und zu Chancen machen.
3. Der innere Wille, der es Ihnen erlaubt, mit Rückschlägen und Niederlagen umzugehen.

Daraus leiten sich drei verschränkte und überlappende Prinzipien ab: Wahrnehmung, Handlung und Wille.

Es ist ganz einfach (aber erfordert wie gesagt einen gewissen Einsatz).

Wir sehen uns an, wie historische Vorbilder mit Hindernissen umgegangen sind, und nehmen uns ein Beispiel an ihrer Einstellung und Kreativität. So lernen wir, neue Wege zu entdecken, wenn die Tür verschlossen ist.

Von diesen Vorbildern lernen wir außerdem, mit ganz gewöhnlichen Hindernissen umzugehen, wie sie Menschen seit urdenklichen Zeiten behindern, und ihren Ansatz auf unser Leben anzuwenden. Denn wir sollten Hindernisse nicht nur erwarten, wir sollten sie begrüßen.

Begrüßen?

Ja, denn Hindernisse sind in Wirklichkeit Chancen, uns selbst zu prüfen, neue Möglichkeiten auszuprobieren und letztlich zum Erfolg zu kommen.

Dein Hindernis ist Dein Weg.

TEIL 1

WAHRNEHMUNG

Was ist Wahrnehmung? Es ist die Art und Weise, wie wir Ereignisse in unserer Umgebung sehen und für uns deuten. Unsere Wahrnehmung kann uns stärken oder schwächen. Wenn wir emotional, subjektiv und kurzsichtig sind, machen wir unsere Schwierigkeiten nur noch größer. Statt uns von unseren Wahrnehmungen überwältigen zu lassen, können wir von den antiken Philosophen lernen, unsere Leidenschaften zu beherrschen und ihnen die Zügel aus der Hand zu nehmen. Mit Geschick und Disziplin können wir falsche Wahrnehmungen überwinden, verlässliche von trügerischen Zeichen unterscheiden und uns von Vorurteilen, Erwartungen und Ängsten befreien. Es lohnt sich, denn am Ende erkennen wir die Wahrheit. Während sich andere mitreißen oder einschüchtern lassen, bleiben wir ruhig und gelassen. Wir sehen die Dinge, so wie sie sind – weder gut noch schlecht. Wenn wir unsere Hindernisse ausräumen wollen, ist dies ein unschlagbarer Vorteil.

WAHRNEHMUNG IST ERLERNBAR

Bevor er ins Ölgeschäft einstieg, war John D. Rockefeller ein Buchhalter und Kleinanleger in Cleveland im amerikanischen Bundesstaat Ohio. Als Sohn eines kriminellen Alkoholikers, der seine Familie sitzengelassen hatte, nahm der junge Rockefeller im Alter von sechzehn Jahren seinen ersten Job an (ein Datum, das er für den Rest seines Lebens als »Job Day« feiern sollte). Er verdiente 50 Cent am Tag und war es zufrieden.

Bis die Krise zuschlug. Im Jahr 1857 war Ohio das Epizentrum einer gewaltigen Finanzkrise, die das ganze Land erfasste und Cleveland besonders hart traf. Unternehmen meldeten Konkurs an, der Preis für Getreide ging in den Keller und die Besiedlung des Westens kam aus dem Tritt. Das Ergebnis war eine schwere Wirtschaftskrise, die das ganze Land auf Jahre hinaus lähmte.

Der junge Rockefeller hätte es mit der Angst zu tun bekommen können. Die Krise war eine der schwersten der Geschichte, und sie schlug zu, als er gerade seine ersten Schritte unternahm. Er hätte weglaufen können wie sein Vater. Er hätte aus dem Finanzgeschäft aussteigen und sich einen weniger riskanten Beruf suchen können. Aber schon als junger Mann verfügte Rockefeller über seine legendäre Kaltschnäuzigkeit, die ihn auch unter Druck völlig ruhig bleiben ließ. Er verlor zwar sein letztes Hemd, doch er behielt einen klaren Kopf. Mehr noch:

Er behielt einen klaren Kopf, während alle anderen ihn verloren.

Statt also über die Krise zu jammern, verfolgte Rockefeller gespannt die dramatischen Ereignisse. Er erkannte die Lernchance und die Feuertaufe. Im Stillen sparte er sein Geld und beobachtete, was die anderen falsch machten. Er sah Schwächen in der Wirtschaft, die andere gar nicht mehr wahrnahmen, und erkannte, dass sie deshalb nicht auf Veränderungen oder Krisen vorbereitet waren.

Dabei verinnerlichte er eine wichtige Lektion, die ihn sein Leben lang begleiten sollte: Der Markt war unberechenbar und oftmals grausam, und nur ein kühler und disziplinierter Kopf konnte Gewinne machen. Spekulation führte in den Abgrund, weshalb er die »verrückten Massen« mit ihren überschwänglichen und panischen Reaktionen ignorieren musste.

Diese Erkenntnisse setzte Rockefeller postwendend um. Als er 25 Jahre alt war, vertraute ihm eine Gruppe von Anlegern eine halbe Million Dollar an. Sein Auftrag war, das Geld in geeignete Ölquellen zu investieren. Dankbar ergriff er die Gelegenheit und unternahm eine Rundreise durch die Ölfelder der Region. Ein paar Tage später brüskierte er seine Geldgeber, als er mit leeren Händen nach Cleveland zurückkam und nicht einen einzigen Dollar aus ihrem Fonds angelegt hatte. Da der Markt heiß lief, schien ihm der Moment einfach nicht der richtige. Deshalb zahlte er das Geld zurück und ließ die Finger vom Öl.

Diese Selbstbeherrschung und Objektivität erlaubte es Rockefeller, sich ein Hindernis nach dem anderen zunutze zu machen – im Amerikanischen Bürgerkrieg genauso wie in den Finanzkrisen der Jahre 1873, 1907 und 1929. Oder wie er es einmal ausdrückte: Er war bereit, in jeder Katastrophe eine Chance zu erkennen. Und man könnte hinzufügen: Er hatte die Kraft, der Panik oder Begeisterung zu widerstehen, egal wie verführerisch sie erschien.

Zwanzig Jahre nach dieser ersten Krise kontrollierte Rockefeller 90 Prozent des Ölgeschäfts. Seine gierigen Konkurrenten waren längst untergegangen. Seine nervösen Kollegen hatten ihre Anteile verkauft und dem Geschäft den Rücken gekehrt. Und die ängstlichen Zweifler hatten es verpasst.

Sein ganzes Leben hindurch wurde Rockefeller umso ruhiger, je größer das Chaos war – vor allem, wenn andere in seiner Umgebung in Panik oder Gier verfielen. Einen großen Teil seines Vermögens verdiente er mit diesen Marktsprüngen, denn er sah klar, während die anderen blind waren. Diese Erkenntnis lebt heute in Warren Buffetts legendärem Rat weiter: »Sei ängstlich, wenn andere gierig sind, und gierig, wenn andere ängstlich sind.« Wie alle großen Investoren widerstand Rockefeller impulsiven Reaktionen und hielt sich an den kühlen, messerscharfen Verstand.

Ein Aktivist verglich Rockefellers Imperium Standard Oil einmal mit dem Proteus der griechischen Mythologie, weil das Unternehmen jedes Mal eine neue Form anzunehmen schien, wenn ihm die Konkurrenz oder der Staat gefährlich wurden. Was (nicht zu Unrecht) als Kritik an dem eindeutig illegalen Monopol gemeint war, sagte doch viel über Rockefellers Persönlichkeit aus: Er war zäh, anpassungsfähig, ruhig, entwickelte sich ständig weiter und war schwer zu fassen. Nichts konnte ihn erschüttern, eine Wirtschaftskrise genauso wenig wie falsche Verheißungen, aggressive Feinde oder staatliche Monopolhüter (die ihn in Anhörungen nie zu fassen bekamen, weil er weder ihren Fragen auf den Leim ging, noch sich aus der Ruhe bringen ließ). Bewusste Selbstkontrolle zeichnet große Investoren aus und ermöglicht ihnen, mehr zu sehen als andere, Situationen richtig einzuschätzen und zu erahnen, was als Nächstes passieren wird … und dann den Nutzen daraus zu ziehen.

War Rockefeller so zur Welt gekommen? Nein. Diese Tugenden hatte er erst erlernen müssen, und Rockefeller war durch eine harte Schule gegangen. Es begann in der Krise des Jahres 1857, in der »Schule des Leids und der Not«, wie er sie einmal nannte.

»Glücklich, wer kämpfen muss, um im Leben Fuß zu fassen«, sagte er einmal. »Ich bin auf ewig dankbar für die dreieinhalbjährige Lehrzeit und für die Schwierigkeiten, die meinen Weg gesäumt haben.«

Natürlich machten seinerzeit viele Menschen dieselben schweren Zeiten durch und gingen durch dieselbe harte Schule wie Rockefeller. Aber kaum jemand machte so viel daraus wie er. Nur wenige lernten, die Chance in einem Hindernis zu erkennen, und nur wenige sahen, dass sie nicht nur von der Not heimgesucht wurden, sondern dass sie auch eine Lektion erhielten.

Sie werden immer wieder auf Hindernisse stoßen. Und Sie werden feststellen, dass es nicht darauf ankommt, woraus dieses Hindernis besteht, sondern darauf, wie

Sie es wahrnehmen, wie Sie damit umgehen, und ob Sie die Ruhe bewahren. Sie werden lernen, dass es von Ihrer Reaktion abhängt, ob Sie ein Hindernis überwinden können und ob Ihnen vielleicht gerade dieses Hindernis zum Erfolg verhelfen wird.

Wo die einen eine Krise sehen, erkennen andere eine Chance. Wo die einen vom Erfolg geblendet sind, sehen andere mit klarem Blick die Realität. Wo die einen von ihren Gefühlen überwältigt werden, bleiben andere ruhig. Hoffnungslosigkeit, Verzweiflung, Angst oder Hilflosigkeit sind das Ergebnis unserer Wahrnehmung. Machen Sie sich klar, dass diese Gefühle uns nicht überwältigen – wir entscheiden uns vielmehr, ihnen nachzugeben. Oder eben nicht, wie Rockefeller.

Und genau diese andere Wahrnehmung war der Schlüssel für den schier unerklärlichen Erfolg Rockefellers. Seine kühle und selbstbewusste Umsicht war eine unbeugsame Kraft. Dank dieser Kraft konnte er vermeintlich Schlechtes als etwas wahrnehmen, das man mit klarem Verstand angehen und als Chance ergreifen konnte.

Aber Rockefeller ist mehr als nur ein Symbol. Wir leben heute in einer ganz ähnlichen Zeit. Innerhalb weniger Jahrzehnte haben wir große Wirtschaftsblasen, eine verheerende globale Pandemie, Unruhen und technologische Umwälzungen erlebt. Ganze Branchen sind zusammengebrochen. Die Menschen fühlen sich abgehängt. Das Gefühl der Ungerechtigkeit ist allgegenwärtig. Das Unglück ist allgegenwärtig. Es ist frustrierend. Es ist ungerecht. Es ist alles schrecklich.

Nicht unbedingt.

Der Schein trügt. Entscheidend ist das, was unter der Oberfläche passiert und was wir daraus machen können.

Wir können lernen, die Dinge anders wahrzunehmen, und die Illusionen zu überwinden, die andere für wahr halten und fürchten. Wir müssen die »Probleme« vor unserer Nase nicht als Probleme wahrnehmen. Wir können lernen, die Dinge so zu sehen, wie sie wirklich sind.

Allzu oft reagieren wir emotional, sind niedergeschlagen und verlieren den klaren Blick. Das hat nur zur Folge, dass Probleme tatsächlich zu Problemen werden. Kontraproduktive Wahrnehmungen ergreifen Besitz von unserem Denken – diesem heiligen Ort der Vernunft, der Tat und des Willens – und bringen uns vom Kurs ab.

Das menschliche Gehirn hat sich in einer Umwelt entwickelt, die sich erheblich von unserer heutigen Welt unterscheidet. Daher schleppen wir allen möglichen biologischen Ballast mit uns herum. Wir sind noch immer darauf geeicht, Bedrohungen und Gefahren wahrzunehmen, die es gar nicht mehr gibt – wir bekommen feuchte Hände, wenn wir an Geldprobleme denken, und spüren einen Adrenalinschub, wenn unser Chef uns anschreit. Dabei geht es gar nicht mehr um unser Überleben – es ist sehr unwahrscheinlich, dass wir verhungern oder in eine gefährliche Schlägerei verwickelt werden. Aber es fühlt sich eben oft genauso an.

Trotzdem haben wir es selbst in der Hand, wie wir in solchen und allen anderen Situationen reagieren. Wir können unseren primitiven Instinkten nachgeben, oder wir können lernen, sie zu verstehen und nicht zu beachten. Mit disziplinierter Wahrnehmung können Sie in jeder Lage klar Ihre Vorteile erkennen und angemessen handeln – ohne Angst und Panik.

Das wusste auch Rockefeller und befreite sich von den Fesseln der falschen, selbstzerstörerischen Wahrnehmungen. Er schärfte seine Fähigkeit, diese Zeichen zu erkennen, zu beherrschen und zu kanalisieren. Damit verschaffte er sich einen erheblichen Vorteil: Weil die wenigsten Menschen ihre Impulse und Instinkte verstehen und hinterfragen, werden sie zu ihren Sklaven.

War Rockefeller perfekt? Nein. Er war ein habgieriger Bonze, der mehr Geld anhäufte, als er jemals ausgeben konnte. Es ist gut, dass er einen großen Teil für wohltätige Zwecke spendete, denn auf diese Weise wirkte sein Vermögen noch lange nach seinem Tod. Doch auch der Schaden, den er anrichtete, als er seine Konkurrenten aus dem Weg räumte, hat bleibende Spuren hinterlassen, genau wie die Umweltzerstörung durch seine Unternehmen. Er kann daher zwar kein Vorbild für ein perfektes Leben sein, doch wir können von seiner Fähigkeit lernen, Herausforderungen und Krisen, Paniken und Spekulationsblasen zu erkennen und zu überwinden.

Rockefeller wurde geradezu pervers reich, doch sein Reichtum ist nicht von der Art, wie ihn die Stoiker suchten. »Sich selbst zu beherrschen ist die größte Herrschaft«, sagte Seneca, Berater von Kaisern und selbst ein wohlhabender Mann. Rockefeller herrschte über ein gewaltiges Unternehmensreich, doch zumindest auf dem Gebiet der Wirtschaft beherrschte er vor allem sich selbst.

Diese Fähigkeit hat jeder von uns. Wir können lernen, die Dinge rational zu betrachten. Oder besser noch können wir genau wie Rockefeller lernen, überall, selbst in einer Katastrophe, unsere Chance zu erkennen, und aus negativen Situationen Lektionen zu ziehen, Wissen zu erwerben oder ein Vermögen zu machen. Richtig betrachtet ist alles – sei es eine Wirtschaftskrise oder eine persönliche Tragödie – eine Chance, sich weiterzuentwickeln. Selbst wenn der neue Weg in eine Richtung führt, die wir gar nicht vorhergesehen haben.

Wenn wir vor einem scheinbar unüberwindlichen Hindernis stehen, müssen wir uns an ein paar Punkte erinnern. Wir müssen

- objektiv bleiben,
- unsere Gefühle beherrschen und einen kühlen Kopf bewahren,
- das Gute in jeder Situation erkennen,
- die Nerven behalten,
- alles ignorieren, was andere behindert und einschränkt,
- die Dinge objektiv betrachten,
- im Hier und Jetzt bleiben,
- uns auf das konzentrieren, was wir verändern können.

Nur so können Sie ein Hindernis als Chance erkennen. Das passiert nicht von allein. Es ist ein Prozess, der Selbstdisziplin und klares Denken voraussetzt.

Und dieses klare Denken steht Ihnen zur Verfügung. Sie müssen es nur nutzen.

ERKENNEN SIE IHRE KRAFT

> Ein Podium und ein Gefängnis sind jeder
> ein Ort für sich, der eine liegt oben,
> der andere unten. Aber an beiden Orten
> wirst du die Entscheidungsfreiheit behalten,
> wenn du es wünschst.
>
> – Epiktet

Rubin »Hurricane« Carter, der Mitte der 1960er Jahre um den Weltmeistertitel im Mittelgewicht boxte, wurde auf dem Höhepunkt seiner Karriere eines grausigen Verbrechens beschuldigt, das er gar nicht begangen hatte: Er sollte drei Menschen umgebracht haben. Carter wurde deshalb angeklagt und ungerechterweise zu lebenslänglicher Haft verurteilt.

Es war ein furchtbarer Absturz vom Olymp des Boxsports. Carter trat seine Haft in einem teuren, maßgeschneiderten Anzug an, er trug einen Diamantring und eine goldene Uhr. Während er mit den anderen neuen Häftlingen in der Schlange wartete, verlangte er, mit jemandem aus der Gefängnisleitung zu sprechen.

Carter sah dem Beamten in die Augen und teilte ihm und den umstehenden Wachleuten mit, dass er nicht bereit sei, das Letzte aufzugeben, über das er noch Kontrolle habe: sich selbst. Er wusste, dass die Wärter nicht

Schuld daran waren, dass er unschuldig ins Gefängnis gekommen war, und er akzeptierte, dass er für einige Zeit dortbleiben musste. Von Anfang an war ihm klar, dass er sich nicht wie ein Gefangener behandeln lassen würde – denn er war nicht machtlos.

Statt sich in sein Schicksal zu ergeben, wie dies viele in einer derart aussichtslosen Lage getan hätten, weigerte sich Carter also, seine innere Freiheit aufzugeben: seine Einstellungen, Überzeugungen und Entscheidungen. Egal, ob man ihn ins Gefängnis warf oder gar wochenlang in Einzelhaft sperren würde – er würde seine innere Freiheit behalten, und die konnte ihm niemand nehmen.

War er wütend über das Unrecht? Natürlich, er war sogar rasend. Aber weil er wusste, dass ihn diese Wut nicht weiterbrachte, gab er ihr nicht nach. Er weigerte sich, zusammenzubrechen, auf die Knie zu gehen und sich der Verzweiflung hinzugeben. Deshalb weigerte er sich, Gefängniskleidung zu tragen, Gefängnismahlzeiten zu essen, Besuch zu empfangen, in der Gefängnisfabrik zu arbeiten oder irgendetwas zu tun, um seine Haftzeit zu verkürzen. Und er ließ niemanden an sich heran. Wer Hand an ihn legte, musste mit seinen Fäusten rechnen.

All das hatte natürlich seinen Sinn: Er konzentrierte seine gesamte Energie auf sein Berufungsverfahren. Jede Minute brachte er damit zu, Bücher zu lesen: Recht, Philosophie und Geschichte. Sein Leben war nicht zerstört worden – man hatte ihn nur an einen Ort gebracht, an dem er nicht sein sollte, und er hatte nicht die Absicht, dort zu bleiben. Er wollte lesen und lernen und seine Zeit so gut nutzen, wie er irgend konnte. Er wollte das Gefängnis nicht nur als freier und unschuldiger, sondern auch als besserer Mann verlassen.

Es sollten neunzehn Jahre und zwei neue Prozesse ins Land gehen, ehe die Verurteilung schließlich aufgehoben wurde. Doch als Carter aus dem Gefängnis kam, nahm er einfach sein Leben wieder auf. Er reichte weder Schadenersatzklage ein, noch verlangte er eine Entschuldigung von den Richtern, die ihn verurteilt hatten. Aus seiner Sicht hätte das bedeutet, dass man ihm etwas weggenommen hatte, dass man ihm etwas schulde. Das hatte er jedoch nie so empfunden, selbst in der finsteren Einzelzelle nicht. Er hatte seine Entscheidung getroffen: Das kann mir nichts anhaben – ich habe es mir nicht ausgesucht, aber ich entscheide selbst darüber, was es mit mir macht. *Dieses Recht hat niemand außer mir.*

Auch wir entscheiden darüber, was wir aus jeder Situation machen. Wir entscheiden, ob wir zusammenbrechen oder widerstehen. Wir entscheiden, ob wir Ja oder Nein sagen. Niemand kann uns zwingen, aufzugeben oder Unwahrheiten zu glauben (etwa, dass eine Situation hoffnungslos sei und sich nicht verbessern ließe). Wir selbst bestimmen über unsere Wahrnehmung.

Man kann uns einsperren, mobben oder berauben, aber niemand kann über unsere Gedanken, Überzeugungen und Reaktionen bestimmen.

Und das heißt, dass wir nie vollkommen machtlos sind.

Selbst im Gefängnis, wo uns fast alles genommen wird, bleiben uns einige Freiheiten. Ihr Geist gehört weiter Ihnen, und Sie haben Zeit – viel Zeit. Carter hatte nicht viel Macht, aber deshalb war er noch lange nicht machtlos. Von Nelson Mandela über James Stockdale bis Malcolm X haben viele große Menschen diesen grundlegenden Unterschied erkannt und das Gefängnis in eine Werkstatt verwandelt, in der sie sich selbst oder in der sie andere verändert haben.

Wenn sich sogar eine ungerechte Haftstrafe nutzen lässt, dann hat jede unserer Erfahrungen einen potenziellen Nutzen für uns. Wenn wir einen klaren Kopf bewahren, dann können wir einen Schritt zurücktreten und uns daran erinnern, dass eine Situation an sich weder gut noch schlecht ist. Diese Bewertung geben wir ihr erst durch unsere Wahrnehmung.

Für den einen kann eine Situation negativ sein, und für den anderen kann dieselbe Situation positiv sein.

»An sich ist nichts weder gut noch schlimm; das Denken macht es erst dazu«, sagte Hamlet.

Laura Ingalls Wilder, Autorin des Klassikers *Unsere kleine Farm,* lebte nach dieser Überzeugung. Als Siedlerin rang sie mit den harschen Bedingungen des amerikanischen Westens, den unfruchtbaren Böden und den Überfällen durch Ureinwohner. Aber sie hatte keine Angst und verlor nie den Mut – für sie war das alles ein großes Abenteuer. Überall gab es die Chance, etwas Neues zu tun, und mit heiterem Pioniergeist begegnete sie allem, was ihr und ihrem Mann widerfuhr.

Was nicht heißt, dass sie die Welt durch eine rosarote Brille sah. Sie beschloss vielmehr, in jeder Situation neue Möglichkeiten zu sehen, auch wenn dazu harte Arbeit und Optimismus erforderlich waren. Andere entscheiden sich für die gegenteilige Sicht. Die meisten unserer Situationen sind nicht annähernd so bedrohlich – und trotzdem kommen wir oft zu dem Schluss, dass sie ausweglos seien.

So werden Hindernisse erst zu Hindernissen.

Mit anderen Worten: Wir werden durch unsere Wahrnehmung zu Komplizen bei der Entstehung – oder der Beseitigung – jedes einzelnen Hindernisses.

Es gibt kein Gut und kein Schlecht, es gibt nur Wahrnehmungen. Es gibt ein Ereignis, und es gibt die Geschichten, mit denen wir dieses Ereignis für uns interpretieren.

Dieser Gedanke ändert alles, oder?

Durch den Fehler eines Mitarbeiters geht Ihnen ein Geschäft durch die Lappen. Sie könnten nun beklagen, dass Sie alles getan haben, um genau das zu verhindern. Oder Sie nehmen eine andere Sicht ein: Dann könnte es genau das sein, worauf Sie gehofft haben – die Chance, zu ihrem Mitarbeiter vorzudringen und ihm etwas beizubringen, das nur die Erfahrung lehren kann. Ein Fehler wird zu einer Lektion.

Das Ereignis ist in beiden Fällen dasselbe: Jemand macht einen Fehler. Aber die Bewertung und das Resultat könnten nicht unterschiedlicher sein. Im ersten Fall geben Sie sich Ihrem Ärger und Ihrer Angst hin, und im zweiten Fall ziehen Sie einen Nutzen aus der Situation.

Nur weil Ihnen eine Stimme im Kopf sagt, ein Ereignis sei schrecklich, katastrophal, überraschend oder sonst wie negativ, müssen Sie dem noch lange nicht zustimmen. Nur weil andere Menschen behaupten, etwas sei aussichtslos, verrückt oder irreparabel, muss das noch lange nicht so sein. Wir entscheiden selbst darüber, welche Geschichte wir uns erzählen. Oder ob wir uns überhaupt eine Geschichte erzählen.

Das ist die Kraft der Wahrnehmung. Und die können Sie in jeder Situation nutzen. Niemand kann sie Ihnen nehmen – Sie können sie nur selbst aufgeben.

Sie haben es in der Hand.

BEHALTEN SIE DIE NERVEN

> Ein Mann braucht keinen Mut,
> sondern gute Nerven.
> Und die bekommt man nur durch Übung.
>
> – Theodore Roosevelt

Einmal saß der amerikanische Nordstaatengeneral Ulysses S. Grant dem berühmten Bürgerkriegsfotografen Mathew Brady Porträt. Weil es im Studio zu dunkel war, schickte Brady seinen Assistenten aufs Dach, um über ein Oberlicht für mehr Helligkeit zu sorgen. Doch der Assistent stolperte bei seinem Vorhaben und zerbrach die Scheibe des Oberlichts. Wie Dolche fielen die Glassplitter von der Decke, verfehlten Grant nur um Zentimeter und zerbarsten auf dem Boden – jeder von ihnen hätte den General töten können.

Als die letzte Scherbe zu Boden gefallen war, verschaffte sich Brady schnell einen Überblick und sah, dass sich Grant nicht gerührt hatte. Er war unverletzt. Der General blickte hinauf zu dem Loch in der Decke, dann schaute er wieder in die Kamera, als wäre nichts passiert.

Während des Überland-Feldzugs verfolgte Grant das Geschehen durch einen Feldstecher, als direkt neben ihm eine feindliche Granate einschlug und ein Pferd tötete.

Grant hielt den Blick unverwandt auf die Front gerichtet und senkte nicht einmal das Fernglas. Eine andere Anekdote schildert einen ähnlichen Vorfall aus dem Hauptquartier der Nordstaaten in City Point in der Nähe von Richmond, der Hauptstadt der Konföderierten. Als Grants Soldaten ein Dampfschiff entluden, explodierte dieses plötzlich. Alle warfen sich zu Boden, mit Ausnahme von Grant, der auf den Ort der Explosion zu rannte, während noch Trümmer und Leichen vom Himmel regneten.

Das war nicht angeboren, sondern antrainiert. Grants Vater hatte ihn gezielt lauten Geräuschen ausgesetzt, um seine Nerven zu stählen. Als kleiner Junge genoss Grant diese Herausforderung sogar. Einmal zeigte er einem Nachbarn, dass er nicht weinen würde, wenn neben ihm eine Pistole abgefeuert würde. »Schieß nochmal!«, rief er unbekümmert. »Schieß nochmal!«

Ein solcher Mensch lässt sich nur schwer beeindrucken oder erschüttern.

Aber wir …

Wir sind Nervenbündel.

Konkurrenten bedrohen unser Geschäft. Unerwartete Probleme tun sich auf. Unsere beste Mitarbeiterin kündigt plötzlich. Unser Computer bricht unter der Datenmenge zusammen. Wir werden aus unserer Komfortzone gezerrt. Der Chef bürdet uns die ganze Arbeit auf. Um uns herum stürzt alles ein, und zwar just in dem Moment, in dem wir schon nicht mehr können.

Sehen wir der Lage ins Auge? Ignorieren wir sie? Schütteln wir uns kurz und machen uns wieder an die Arbeit? Oder lassen wir uns verrückt machen? Schlucken wir Pillen, um die »schlechten« Gefühle zu unterdrücken?

Und das sind nur Dinge, für die im Grunde niemand etwas kann. Vergessen Sie nicht, dass es auch böswillige Menschen gibt, die es auf Sie abgesehen haben. Die Sie einschüchtern wollen. Ihnen Angst machen wollen. Sie unter Druck setzen und Entscheidungen von Ihnen verlangen, ehe Sie sich umfassend informiert haben. Die wollen, dass Sie nach deren Pfeife tanzen, nicht nach Ihrer.

Die Frage ist: Wollen Sie das zulassen?

Wenn wir uns große Ziele stecken, werden Druck und Stress nicht ausbleiben. Unweigerlich werden Dinge passieren, die uns auf dem falschen Fuß erwischen, bedrohen und Angst machen. Überraschungen (meist negative) bleiben nicht aus. Die Gefahr ist groß, dass wir uns von ihnen überwältigen lassen.

In Situationen wie diesen ist weniger Talent gefragt. Hier geht es vielmehr um Standfestigkeit und Haltung, denn diese beiden Eigenschaften sind Voraussetzung dafür, dass wir unsere Qualitäten überhaupt erst zum Einsatz bringen können. Wie Voltaire dem Duke of Marlborough erklärte, als dieser ihn nach dem Geheimnis des militärischen Erfolgs fragte: »Ruhiger Mut inmitten des Chaos, Gelassenheit in der Gefahr, und was die Engländer einen kühlen Kopf nennen.«

Egal wie groß die Gefahr tatsächlich ist, in der wir schweben – der Stress kann uns zum Spielzeug unserer niederen und furchtsamen Instinkte machen.

Machen Sie nicht den Fehler zu glauben, Haltung oder Gelassenheit seien die Soft Skills von Adeligen früherer Zeiten. Letztlich sind gute Nerven eine Frage von Widerstand und Selbstbeherrschung.

Zum Beispiel: *Ich weigere mich, dies so hinzunehmen. Ich lasse mich nicht einschüchtern. Ich widerstehe der Versuchung, dies als Scheitern zu bezeichnen.*

Aber gute Nerven setzen voraus, dass wir unsere Situation so anerkennen, wie sie ist: *Was bleibt mir anderes übrig. Ich kann es mir nicht leisten, mich davon umhauen zu lassen oder dieses Gespräch hundert Mal im Kopf nachzuspielen. Ich habe zu viel zu tun, und zu viele Menschen sind auf mich angewiesen.*

Aus Widerstand und Wahrnehmung ergibt sich folgender Grundsatz: Es gibt immer eine Gegenbewegung, immer einen Ausweg, und deshalb gibt es keinen Grund, die Fassung zu verlieren. Es wird nicht leicht, es steht viel auf dem Spiel, aber es gibt einen Weg, wenn ich bereit bin, ihn zu gehen.

Genau das müssen wir tun. Wir wissen, dass es schwer wird. Aber wir sind bereit. Wir sind konzentriert, es ist uns ernst, und wir lassen uns nicht abschrecken.

Das bedeutet, unserer Situation ins Auge zu sehen und die Nerven zu behalten, um unser Bestes zu geben. Um uns zu stählen. Um die Rückschläge abzuschütteln und weiterzumarschieren, den Blick nach vorn gerichtet, als wäre nichts passiert.

Denn es stimmt, wie Sie nun feststellen werden: Wenn Sie die Nerven behalten, dann ist in Wirklichkeit noch gar nichts »passiert«. Unsere Wahrnehmung hat dafür gesorgt, dass es keine Konsequenzen hat.

HALTEN SIE IHRE GEFÜHLE IM ZAUM

> Du willst über ein großes Reich herrschen?
> Dann beherrsche dich selbst.
>
> – Publius Syrus

Als die NASA mit der bemannten Raumfahrt begann, brachte sie ihren Astronauten als Erstes eine Fähigkeit bei: die Kunst, nicht in Panik zu geraten.

In Panik machen wir Fehler. Wir setzen uns über Systeme hinweg. Wir vergessen alle Abläufe und Regeln. Wir können nicht mehr klar denken. Wir reagieren nur noch – nicht auf die Situation, sondern auf die Hormone, die durch unser Blut schießen.

Auch hier auf der Erde ist Panik die Ursache für viele unserer Probleme. Alles ist exakt durchgeplant, aber wenn irgendetwas schiefläuft, dann werfen wir den Plan über Bord und ersetzen ihn durch den guten alten Gefühlsausbruch.

Einige Menschen sehnen sich geradezu danach, Alarm zu schlagen, denn das ist einfacher, als sich mit den anstehenden Problemen auseinanderzusetzen.

In einer Raumkapsel, die kleiner ist als ein VW-Käfer und in 250 Kilometer Höhe um die Erde kreist, bedeutet Panik buchstäblich Selbstmord. Deshalb musste sie abtrainiert werden. Und das war gar nicht so einfach.

Vor dem Start mussten die Astronauten den entscheidenden Tag wieder und wieder durchspielen, Schritt für Schritt, hunderte Male, vom Frühstück bis zur Fahrt an die Startrampe. Langsam und schrittweise wurden sie mit jedem Anblick und jedem Geräusch des Starts vertraut gemacht. Sie spielten es so oft durch, dass es irgendwann so natürlich und vertraut war wie das Atmen. Sie simulierten alles, um jede Unbekannte auszuschalten und jede Ungewissheit zu beseitigen.

Wissen ist das wirkungsvollste Mittel gegen Ungewissheit und Angst. Lernen bringt Wissen. Es ist ein Schutzventil. Mit der Erfahrung lassen sich die normalen, angeborenen Ängste beseitigen, die vor allem aus Unwissenheit rühren. Sie ist einfach zu beheben (auch wenn es einen gewissen Einsatz erfordert), und so ist es möglich, unsere Toleranz gegenüber Belastung und Ungewissheit zu erhöhen.

John Glenn, der erste amerikanische Astronaut in der Erdumlaufbahn, hielt während seiner fast 24 Stunden im All seinen Puls bei unter hundert Schlägen pro Minute. Dieser Mann saß nicht nur an den Schalthebeln seiner Kapsel, sondern er hatte auch seine Emotionen unter Kontrolle. Er hatte sich zu dem gemacht, was Tom Wolfe später als »ein ganzer Kerl« bezeichnete.

Aber wir? Wir stehen vor einem Kunden oder einem Fremden auf der Straße, und das Herz schlägt uns bis zum Hals. Oder wir sollen vor einem großen Publikum sprechen, und uns dreht sich der Magen um.

Es ist Zeit zu erkennen, dass dies eine falsche Nachsicht gegenüber unseren Schwächen ist und dass wir uns diesen Luxus nicht erlauben können. Im Weltall ist die

Selbstbeherrschung eine Frage von Leben und Tod. Die Apollo-Mission wäre schnell zu Ende gewesen, wenn einer der Astronauten einen falschen Knopf gedrückt, die Instrumente nicht richtig gelesen oder einen Ablauf zu früh eingeleitet hätte.

Deshalb ging es für die Astronauten nicht um die Frage, ob sie gute Piloten waren, sondern darum, ob sie ihre Emotionen im Griff hatten. Ob sie die Panik unterdrücken und sich auf das Machbare konzentrieren konnten. Ob sie ihre Aufmerksamkeit auf die anstehenden Aufgaben richten konnten.

Das ist im wirklichen Leben kaum anders. Auf Hindernisse reagieren wir emotional, aber wir werden nur überleben und diese Hindernisse überwinden, wenn wir unsere Emotionen im Griff haben – wenn wir gelassen bleiben, egal was passiert und egal wie sehr sich die äußeren Umstände verändern.

Die Griechen hatten mehrere Worte dafür: *apatheia, ataraxia*. Damit meinten sie die Art von Gleichmut und Selbstbeherrschung, die aus der Abwesenheit von irrationalen oder extremen Emotionen rührt. Das bedeutet nicht unmenschliche Gefühllosigkeit, sondern nur die Abwesenheit aller störenden und schädlichen Emotionen.

Lassen Sie negative Emotionen gar nicht erst zu. Sagen Sie nur: »Nein, danke. Ich kann es mir nicht leisten, in Panik zu verfallen.«

Diese Fähigkeit müssen Sie trainieren. Befreien Sie sich von Störungen und Unruhe. Nur so können Sie Ihre ganze Kraft auf die Lösung des Problems richten, statt nur zu reagieren.

Die dringende E-Mail des Vorgesetzten. Der Idiot in der Kneipe. Ein Anruf von der Bank: Ihr Kredit wurde gekündigt. Ein Klingeln an der Tür: Jemand hatte einen Unfall.

Wie Gavin de Becker in *Mut zur Angst* schreibt: »Wenn Sie besorgt sind, fragen Sie sich: ›Wovor verschließe ich die Augen?‹ Welches wichtige Detail übersehen Sie, weil Sie die Sorgen gegenüber dem Nachdenken, der Wachsamkeit und der Klugheit vorziehen?«

Der kanadische Astronaut Chris Hadfield, dem bei einem Alleingang im Weltraum beide Augen zugefroren waren, erklärte einmal, dass es immer etwas gebe, woran man denken oder was man tun könne, um eine Situation zu verbessern. Aber dabei sollte man auch dies im Kopf behalten: »Es gibt kein Problem, das so schlimm ist, dass man es nicht auch noch schlimmer machen kann.«

Oder anders gefragt: Gibt Ihnen die Sorge mehr Optionen?

Manchmal ja. Aber diesmal?

Wahrscheinlich nicht.

Also.

Wenn eine Emotion Ihre Situation nicht verändern kann, dann ist sie vermutlich wenig hilfreich. Oder vielleicht sogar schädlich.

Aber das fühle ich doch nun mal.

Richtig. Niemand hat gesagt, dass Sie nicht fühlen sollen. Niemand hat Ihnen verboten zu weinen. Vergessen Sie falsche Männlichkeit. Wenn Sie kurz weinen müssen, dann tun Sie das. Die wahre Kraft liegt in der Beherrschung, oder wie Nassim Taleb es ausdrückt, der »Domestizierung« der Emotionen, und nicht in deren Unterdrückung.

Fühlen Sie also. Aber machen Sie sich nichts vor, und verwechseln Sie eine emotionale Reaktion auf ein Problem nicht mit dessen Lösung. Denn das ist ein Unterschied wie Tag und Nacht.

Sie können sich immer ins Gedächtnis rufen: *Hier sitze ich am Steuer, nicht meine Emotionen. Ich sehe, was wirklich los ist. Ich lasse mich nicht verrückt machen und werde mich nicht aufregen.*

Wir besiegen Emotionen mit logischem Denken, das ist die Idee. Logisches Denken ist nichts anderes als Fragen und Aussagen. Wenn wir genug Fragen stellen, gelangen wir zu den eigentlichen Ursachen (die immer leichter zu handhaben sind).

Wir haben Verluste gemacht.

Aber gehören Verluste nicht mit zum Geschäft?

Ja.

Sind die Verluste vernichtend?

Nicht unbedingt.

Das ist also nicht vollkommen überraschend. Warum ist das dann so tragisch? Warum regen sich alle so über etwas auf, das hin und wieder passieren kann?

Na ja, äh …

Aber nicht nur das. Sie sind schon mit schlimmeren Situationen fertig geworden. Wäre es nicht besser, Sie würden Ihre Kreativität an eine Lösung setzen, statt sich zu ärgern?

Versuchen Sie, diese Art von Gesprächen mit sich selbst zu führen, und beobachten Sie, wie lange Ihre Gefühlsausschläge anhalten.

Wahrscheinlich nicht allzu lange.

Es wird Sie schon nicht umbringen.

Wenn Sie die Nerven doch verlieren, hilft es Ihnen vielleicht, wenn Sie sich klarmachen: *Das wird mich nicht umbringen. Das wird mich nicht umbringen. Das wird mich nicht umbringen.*

Oder versuchen Sie es mit der Frage von Marc Aurel:

> *Hindert dich etwa dieses Ereignis daran, gerecht*
> *oder hochherzig zu sein, dich zu beherrschen,*
> *verständig, besonnen, wahrhaftig, schamhaft,*
> *ein unabhängiger Charakter zu sein?*

Nein.

Dann machen Sie sich wieder an die Arbeit!

Sie sollten sich immer diese Frage stellen: *Ist es nötig, mich davon aus der Fassung bringen zu lassen?*

Und genau wie für Astronauten, Soldaten, Ärzte und viele andere muss die Antwort lauten: *Nein, denn ich habe mich auf eine Situation wie diese vorbereitet und kann mich beherrschen.* Oder: *Nein, denn ich habe mich wieder gefangen und kann erkennen, dass es mich nicht weiterbringt.*

SEIEN SIE OBJEKTIV

Bemühe dich daher, jedem ärgerlichen
Eindruck sofort entgegenzuhalten:
»Du bist nur ein Eindruck, und ganz und
gar nicht das, was du zu sein scheinst.«
Dann prüfe und begutachte den Eindruck.

– EPIKTET

Der Satz »Dies und jenes ist passiert, und das ist schlecht« besteht in Wirklichkeit aus zwei Aussagen. Die erste – »Dies und jenes ist passiert« – ist objektiv. Die zweite – »das ist schlecht« – ist subjektiv.

Miyamoto Musashi, ein Samurai aus dem 16. Jahrhundert, gewann – selbst ohne Schwert – zahllose Duelle gegen gefürchtete Gegner, die sogar in der Überzahl waren. In seinem *Buch der fünf Ringe* beschreibt er den Unterschied zwischen Beobachtung und Wahrnehmung. Das wahrnehmende Auge ist schwach, schrieb er, aber das beobachtende Auge ist stark.

Musashi verstand, dass das beobachtende Auge nur das sieht, was da ist. Das wahrnehmende Auge sieht dagegen mehr als das, was da ist.

Das beobachtende Auge sieht die Ereignisse ohne jede Ablenkung, Übertreibung oder Verzerrung. Das wahrnehmende Auge erkennt dagegen »unüberwindliche Hindernisse«, »schwere Rückschläge« oder einfach nur »Probleme«. Es fügt seine eigenen Themen zum Kampf hinzu. Das erste Auge ist hilfreich, das zweite nicht. Paradoxerweise geht der oberflächliche Blick eben manchmal tiefer.

Wenn wir einen Blick auf unser eigenes Leben werfen – wie viele Probleme rühren daher, dass wir Dinge beurteilen, auf die wir keinen Einfluss haben, so als gäbe es ein Richtig und Falsch? Wie oft sehen wir Dinge, die unserer Ansicht nach da sind oder sein sollten, und nicht das, was tatsächlich da ist?

Wenn wir unsere Nerven und Emotionen im Griff haben, können wir die Dinge so sehen, wie sie wirklich sind. Dazu können wir unser beobachtendes Auge verwenden.

Die Stoiker wussten, dass es nicht die Ereignisse oder Dinge sind, die uns beunruhigen, sondern dass es *unsere Meinung über diese Dinge* ist, die das Problem verursacht. Wahrnehmungen liefern uns überflüssige »Informationen«, und zwar genau in dem Moment, in dem wir uns auf das konzentrieren sollten, was vor uns ist: ein Schwerthieb, eine Vertragsverhandlung, eine Chance, ein Geistesblitz, oder was auch immer.

Unser animalisches Gehirn versucht, den Abstand zwischen Eindruck und Wahrnehmung so weit wie möglich zu verringern. Denken, wahrnehmen, handeln – dazwischen vergehen nur wenige Sekundenbruchteile.

Das Gehirn eines Rehs gibt den Befehl zum Weglaufen, weil Gefahr droht. Also läuft es los, und manchmal genau vor ein Auto.

Der Verstand sagt, dass wir verletzt worden sind, dass alles verloren ist, dass wir am Ende sind. Aber wir sind in der Lage, diesen Instinkt zu hinterfragen. Wir können ihm widersprechen. Wir können ihn ausschalten und uns eine Bedrohung genauer anschauen, ehe wir handeln. Wenn wir uns beruhigt und unsere Emotionen unter Kontrolle gebracht haben, können wir die Dinge sehen, wie sie wirklich sind. Wir können das mit unserem beobachtenden Auge tun.

Doch das erfordert Kraft. Es ist ein Muskel, der trainiert sein will. Und Muskeln werden durch Spannung aufgebaut, durch heben und halten.

Deshalb bestehen Musashi und die meisten anderen Lehrer der Kampfkunst darauf, dass der Geist genauso trainiert werden muss wie der Körper. Beide haben denselben Stellenwert und beide erfordern konzentrierte Übung.

In den Schriften der Stoiker finden wir eine Übung, die man als »Ausdruck der Verachtung« bezeichnen könnte. Für die Stoiker war Verachtung ein Instrument, um die Dinge so zu sehen, wie sie sind, und ihnen den Schleier der Mythen vom Gesicht zu reißen.

Epiktet riet seinen Schülern, wenn sie einen großen Denker zitierten, dann sollten sie ihn sich beim Geschlechtsverkehr vorstellen. Das ist komisch, aber versuchen Sie es das nächste Mal, wenn Sie sich von jemandem eingeschüchtert fühlen. Stellen Sie sich vor, wie er oder sie stöhnt und schwitzt – genau wie wir alle.

Marc Aurel verwendete diese Übung in abgewandelter Form, indem er luxuriöse oder teure Gegenstände ohne Beschönigungen beschrieb: Gebratenes Fleisch ist totes Tier, edler Wein ist alter, vergorener Traubensaft. Dabei ging es ihm darum, die Dinge so zu sehen, wie sie sind, ohne hübsche Umschreibungen.

Das können wir mit allem und jedem machen, was sich uns in den Weg stellt. Diese Beförderung, die uns so viel bedeutet – was ist sie denn wirklich? Unsere Kritiker und Widersacher, die uns so klein machen – wer sind sie denn tatsächlich? Es ist so viel besser, die Dinge so zu sehen, wie sie wirklich sind, und nicht so, wie wir sie uns in unserem Kopf zurechtgemacht haben.

Objektivität bedeutet, das »Ich« – den subjektiven Teil – aus der Gleichung zu entfernen. Denken Sie daran, was passiert, wenn Sie Freunden oder Kollegen Ratschläge erteilen: Ihre Probleme erscheinen uns glasklar, die Lösung liegt auf der Hand. Wenn wir mit unseren eigenen Problemen ringen, ist etwas vorhanden, das nicht da ist, wenn wir die Probleme anderer hören: der subjektive Ballast. Wenn es um die Probleme anderer geht, können wir eher objektiv sein.

Wir nehmen die Situation so, wie sie ist, und helfen unserem Freund, sein Problem zu lösen. Das Mitleid, das Gejammer und das Gefühl des Unrechts sparen wir für uns selbst auf.

Nehmen Sie Ihre Situation und stellen Sie sich vor, dass sich ein anderer Mensch in Ihrer Lage befände. Stellen Sie sich vor, das alles sei nicht so wichtig. Würde es Ihnen dann nicht viel leichter fallen, die richtige Entscheidung zu treffen? Könnten Sie die Situation und Ihre Möglichkeiten nicht sehr viel schneller und leidenschaftsloser erfassen? Sie könnten sie abschreiben und ihr gelassen entgegentreten.

Stellen Sie sich vor, auf wie viele verschiedene Arten ein anderer ein Problem lösen könnte. Denken Sie *wirklich* nach. Denken Sie mit Klarheit, nicht mit Mitgefühl –

dafür ist später immer noch Zeit. Das ist eine Übung, das heißt, sie erfordert Wiederholung. Je besser Sie lernen, die Dinge so zu sehen, wie sie sind, umso mehr arbeitet Ihre Wahrnehmung für Sie und nicht gegen Sie.

SUCHEN SIE EINEN NEUEN BLICKWINKEL

Der Mensch ist das Wesen,
das immer entscheidet.
Und was entscheidet es?
Was es im nächsten Augenblick sein wird.

– Viktor Frankl

Eines Tages, als der attische Oberbefehlshaber Perikles im Peloponnesischen Krieg zu einem Feldzug in See stach, verfinsterte sich die Sonne und über seinen 150 Schiffen brach Dunkelheit herein.

Erschrocken über dieses unerwartete Ereignis verfielen seine Männer in Panik. Doch Perikles blieb ruhig. Er ging zum Kapitän seines Schiffs, nahm seinen Mantel ab und legte ihn dem Mann über den Kopf. Dann fragte er ihn, ob er sich fürchte vor dem, was er sehe.

Natürlich nicht.

Was spielt es also für eine Rolle, fragte Perikles, wenn die Ursache der Dunkelheit eine andere ist?

Die Griechen waren klug. Aber hinter diesem Trick verbirgt sich eine Erkenntnis, die nicht nur die stoische Philosophie durchdringt, sondern auch die kognitive Psychologie: Die Sichtweise ist alles.

Das heißt, wenn wir etwas in seine Teile zerlegen oder aus einem neuen Blickwinkel betrachten können, dann verliert es seine Macht über uns.

Angst lähmt, lenkt ab, ermüdet, und ist oft irrational. Das wusste auch Perikles, und er nutzte den Perspektivwechsel, um sie zu überwinden.

Die Griechen erkannten, dass wir oft nach Geheimnissen suchen, wo einfache Erklärungen ausreichen würden – und zwar zu unserem eigenen Schaden. Wir fürchten Hindernisse, weil wir die falsche Sichtweise wählen – doch schon ein einfacher Perspektivwechsel reicht aus, um ganz anders zu reagieren. Wie groß und unüberwindlich uns ein Hindernis erscheint, hängt davon ab, wie wir es sehen, wie wir es angehen, in welchen Zusammenhang wir es stellen und welche Bedeutung wir ihm geben.

Es ist Ihre Entscheidung, ob Sie ein »Ich« vor etwas stellen (Ich *hasse es, vor Menschen zu sprechen*. Ich *habe versagt*. Ich *habe mir damit Schaden zugefügt*.). Damit fügen Sie ein zusätzliches Element hinzu: Das »Ich« in Bezug zu dem Hindernis, und nicht nur das Hindernis selbst. Aber mit dieser falschen Sichtweise lassen wir uns von etwas überwältigen, das in Wirklichkeit vielleicht gar keine große Sache ist. Warum tun wir uns das an?

Mit der richtigen Sichtweise erscheinen Hindernisse und Widerstände nur so groß, wie sie wirklich sind.

Aus unerfindlichen Gründen betrachten wir Dinge gern losgelöst aus ihrem Kontext. Wir geißeln uns, weil wir ein Geschäft vermasselt oder einen Termin versäumt haben. Für sich genommen ist das natürlich bedauerlich – wir haben gerade eine Chance verpasst.

Dabei vergessen wir eines: »Geschäftschancen sind wie Busse. Es kommt immer gleich der nächste«, um es mit dem Milliardär Richard Branson zu sagen. In einem Leben voller Termine ist ein Termin gar nichts, und ein Vertrag ist nur ein Vertrag. Vielleicht war es sogar ganz gut so. Vielleicht ist die nächste Gelegenheit besser.

Unser Blick auf die Welt verändert unsere Wahrnehmung. Eröffnet unsere Perspektive wirklich Perspektiven, oder ist sie das Problem? Das ist die Frage.

Wir können unseren Blickwinkel so einschränken oder weiten, wie es unserer Gelassenheit und der anstehenden Aufgabe am zuträglichsten ist. Es ist eine Art von Zensur – wobei es nicht darum geht, andere zu täuschen, sondern darum, uns die richtige Orientierung zu verschaffen.

Das funktioniert. Schon kleine Korrekturen verändern unseren Blick auf vermeintlich unlösbare Aufgaben. Haben wir uns eben noch schwach gefühlt, erkennen wir plötzlich unsere Stärke. Mit der richtigen Sichtweise erkennen wir Hebel, von denen wir gar nicht wussten, dass sie existieren.

Sichtweise hat zwei Aspekte:

1. Kontext: Das Gefühl, einen größeren Ausschnitt der Welt zu sehen, nicht nur das, was wir direkt vor Augen haben.
2. Standpunkt: Unsere einmalige Sicht auf die Welt, und unsere Art und Weise, sie zu interpretieren.

Beide sind wichtig, mit beiden können wir eine Situation verändern, die uns einschüchtert oder unüberwindlich erscheint.

George Clooney erhielt in seinen Anfangsjahren in Hollywood eine Absage nach der anderen. Er wollte Produzenten und Regisseuren gefallen, aber das gelang ihm nicht. Das schmerzte natürlich, und er gab dem System die Schuld, weil es sein Talent nicht erkannte.

Das kommt Ihnen vermutlich bekannt vor. Den meisten Menschen ist dieser Blickwinkel vertraut, aus Vorstellungs- oder Verkaufsgesprächen oder aus gescheiterten Flirtversuchen im Café. Wir glauben, dass wir unser Gegenüber brauchen, aber in Wirklichkeit stimmt das Gegenteil ebenso.

Für Clooney änderte sich alles, als er es mit einer neuen Sichtweise probierte. Er erkannte, dass das Casting auch für Produzenten ein Hindernis ist – sie suchen händeringend jemanden und hoffen, dass der Nächste, der den Raum betritt, der Richtige ist. Das Casting ist eine Chance, ihr Problem zu lösen, nicht seines.

Aus Clooneys neuer Sichtweise war dies die Lösung. Er würde nicht mehr um eine Chance betteln, sondern er hatte etwas zu bieten. Er war die Antwort auf ihre Gebete, nicht umgekehrt. Das strahlte er von nun an in den Castings aus – er stellte nicht nur sein schauspielerisches Talent unter Beweis, sondern machte auch klar, dass er der richtige Mann für die Rolle war. Dass er verstand, welche Eigenschaften Regisseure und Produzenten für eine bestimmte Rolle suchten und dass er in jeder Situation – ob vor der Produktion, während den Aufnahmen oder in der Vermarktung – ihre Erwartungen erfüllen konnte.

Der Unterschied zwischen der richtigen und der falschen Sichtweise ist alles.

Unsere Sicht auf ein Ereignis bestimmt darüber, wie wir darauf reagieren – beziehungsweise ob wir überhaupt reagieren, oder ob wir die Dinge einfach nur über uns ergehen lassen.

Der Kopf geht voran, und der Körper folgt. Auf Wahrnehmung folgt Handeln. Auf richtige Wahrnehmung folgt richtiges Handeln.

HABEN SIE ES IN DER HAND?

> So ist es das Wichtigste im Leben, die Dinge
> zu unterscheiden und sich klarzumachen:
> Äußere Ereignisse habe ich nicht in der
> Hand, aber meine Entscheidungen zu diesen
> Ereignissen habe ich sehr wohl in der Hand.
> Wo soll ich das Gute, wo das Böse suchen?
> In meinem Innern, in meinen Entscheidungen.
>
> – EPIKTET

Der Baseballspieler Tommy John, einer der besten Werfer aller Zeiten, spielte 26 Jahre lang in der Profiliga. Im Sport ist das eine Ewigkeit. Als er anfing, war John F. Kennedy Präsident, und als er seinen letzten Ball warf, saß George W. Bush im Weißen Haus.

Das ist eine fast übermenschliche Leistung. Aber er schaffte es, weil er lernte, sich und anderen immer wieder diese eine Frage zu stellen: *Geht es? Habe ich eine Chance? Gibt es etwas, das ich tun kann?*

Alles, was er hören wollte, war die Antwort Ja, egal wie gering die Chance war. Aber wenn es eine gab, dann wollte er sie nutzen und alle Mühen dafür auf sich nehmen. Wenn der Einsatz einen Einfluss auf seine Leistung hatte, dann wollte er eher auf dem Spielfeld sterben, als eine Möglichkeit ungenutzt zu lassen.

Das erste Mal war es Mitte 1974 so weit, als sich Tommy John den Arm verrenkte und dabei das Ellen-Seitenband seines Wurfarms riss. Nach dem damaligen Stand der Sportmedizin bedeutete diese Verletzung das Ende seiner Karriere. Der Arm war tot, das Spiel war aus.

Doch das wollte John nicht hinnehmen. Gab es irgendetwas, um ihn wieder ins Spiel zu bringen? Tatsächlich gab es eine solche Möglichkeit. Die Ärzte schlugen eine noch wenig erprobte Operation vor, bei der die Sehne seines Wurfarms durch die Sehne seines anderen Arms ersetzt werden würde. Wie groß war die Wahrscheinlichkeit, dass er danach wieder spielen würde? Eins zu hundert. Und ohne die Operation? Null.

Er hätte seine Baseballmütze an den Nagel hängen können. Aber es gab eine kleine Chance. Mit dem Aufbautraining hatte er es zumindest zum Teil selbst in der Hand. Also ging er das Risiko ein. Und der Lohn waren 164 Siege in den folgenden dreizehn Jahren. Der Eingriff ist heute als Tommy-John-Operation bekannt.

Knapp zehn Jahre später zeigte John denselben Einsatz, den er bei seiner Ellenbogen-Operation aufgebracht hatte, als sein kleiner Sohn bei einem schrecklichen Unfall aus der dritten Etage eines Hauses fiel, seine Zunge verschluckte und beinahe ums Leben kam. Die Notärzte gaben den Jungen schon verloren, doch noch im Chaos der Notaufnahme schärfte John seiner Familie ein, dass sie erst aufgeben würden, wenn gar nichts mehr ging – egal ob die Genesung ein oder zehn Jahre lang dauern würde.

Sein Sohn wurde wieder völlig gesund.

Johns Laufbahn schien zu Ende, als die Yankees ihn Ende 1988 im Alter von 45 Jahren aus dem Kader strichen. Doch das wollte er nicht auf sich sitzen lassen. Er rief den Trainer an und fragte, ob er eine faire Chance bekäme, wenn er im kommenden Frühjahr zum Auswahltraining für Nachwuchsspieler erschien. Der Trainer meinte, er sei zu alt. Also wiederholte er seine Frage: Bekomme ich eine Chance, wenn ich am Auswahltraining teilnehme? Also antwortete die Mannschaftsleitung, sie wolle ihm eine Chance geben.

Tommy John war der Erste, der zum Auswahltraining erschien. Er trainierte viele Stunden am Tag, nutzte jede Lektion, die er in einem Vierteljahrhundert auf dem Baseball-Platz gelernt hatte, und schaffte es schließlich wieder in die Mannschaft – als ältester Spieler. Er lief im ersten Spiel der neuen Saison auf, ließ nur zwei Schläge zu, und die Mannschaft gewann.

Den Dingen, die Tommy John ändern konnte, wenn er eine Chance bekam, widmete er 100 Prozent seiner Energie. Er sagte seinem Trainer, dass er lieber auf dem Platz sterben würde, als aufzugeben. Er wusste, dass es für ihn als Profisportler einen Unterschied gab zwischen Dingen, die unwahrscheinlich waren, und solchen, die unmöglich waren. Dieser winzige Unterschied machte ihn zu dem, der er war.

Um eben diese Kraft zu mobilisieren, lernen Suchtkranke in der Therapie das Gelassenheitsgebet:

> *Gott, gib mir die Gelassenheit, die Dinge hinzunehmen, die ich nicht ändern kann, den Mut, die Dinge zu ändern, die ich ändern kann, und die Weisheit, das eine vom anderen zu unterscheiden.*

Dieses Gebet soll ihnen helfen, ihre Kräfte zu bündeln und auf die Probleme zu richten, die sie wirklich ändern können. Es ist einfacher, eine Sucht zu bekämpfen, wenn man sich nicht auch noch damit herumschlägt, dass man geboren wurde, dass die Eltern Monster waren, oder dass man alles verloren hat. Das ist erledigt. Abgehakt. Lässt sich nicht mehr ändern.

Und wenn wir uns auf die Dinge konzentrieren, die wir ändern können? Hier können wir tatsächlich etwas bewegen.

Hinter dem Gelassenheitsgebet steht ein zweitausend Jahre alter stoischer Satz: »*ta eph'hemin, ta ouk eph'hemin*«: Was wir in der Hand haben, was wir nicht in der Hand haben.

Und was haben wir in der Hand?

- Unsere Emotionen
- Unsere Urteile
- Unsere Kreativität
- Unsere Einstellung
- Unsere Sichtweise
- Unsere Wünsche
- Unsere Entscheidungen
- Unsere Entschlossenheit

Das ist gewissermaßen unser Spielfeld. Hier können wir aktiv werden.

Und was haben wir nicht in der Hand?

Na ja, so ziemlich alles andere. Das Wetter, die Wirtschaft, die Umstände, die Emotionen und Urteile anderer Menschen, Entwicklungen, Katastrophen und so weiter.

Was wir auf dem Spielfeld machen, haben wir selbst in der Hand, aber die Regeln und Bedingungen des Spiels nicht. Die Sportler versuchen, das Beste aus diesen Regeln zu machen, aber sie zweifeln sie nicht an – weil es gar keinen Zweck hätte.

Natürlich haben wir immer die Möglichkeit, uns aufzulehnen, zu jammern oder aufzugeben. Aber das trägt selten dazu bei, uns über die Ziellinie zu bringen.

In unserer Wahrnehmung müssen wir eine zentrale Unterscheidung vornehmen, nämlich zwischen Dingen, die in unserer Macht stehen, und Dingen, die nicht in unserer Macht stehen. Hier liegt auch der Unterschied zwischen Menschen, die Großes leisten, und Menschen, die nicht von ihrer Sucht loskommen – ob nach Drogen, Alkohol oder jedem anderen Suchtmittel.

Die gefährlichste Illusion, der wir nachjagen können, ist zu glauben, dass wir Dinge ändern können, auf die wir nicht den geringsten Einfluss haben. Sie haben es nicht in der Hand, ob sich jemand dafür entscheidet, Ihr Unternehmen zu finanzieren. Aber Sie haben sehr wohl die Möglichkeit, Ihre Präsentation zu verbessern. Auch daran, ob jemand Ihre Idee stiehlt oder vor Ihnen darauf gekommen ist, können Sie nichts ändern. Aber Ihre Erfindung weiterentwickeln oder schützen, das können Sie sehr wohl.

Wenn Sie Ihre Energie ausschließlich auf das konzentrieren, was in Ihrer Macht steht, dann macht Sie das stärker. Jedes Gramm Energie, das Sie auf andere Dinge außerhalb Ihrer Einflusssphären verwenden, ist verschwendet und selbstzerstörerisch. Auf diese Weise vergeuden Sie nur Ihre Energie.

Ein Hindernis als Herausforderung zu sehen und das Beste daraus zu machen, auch das sind Entscheidungen – und zwar Entscheidungen, die wir selbst in der Hand haben.

Habe ich eine Chance, Trainer?
Ta eph'hemin?
Habe ich es in der Hand?

BLEIBEN SIE IM HIER UND JETZT

> Der Trick besteht darin, das große Ganze zu vergessen und alles aus der Nähe zu sehen.
>
> – Chuck Palahniuk

Sehen Sie sich einmal die folgende Liste von Unternehmen an. Sie alle wurden während einer Wirtschaftskrise gegründet:

- Fortune Magazine (90 Tage nach dem Börsenkrach von 1929)
- FedEx (Ölkrise 1973)
- UPS (Finanzkrise 1907)
- Walt Disney Company (Elf Monate nach der Gründung kam der Börsenkrach von 1929)
- Hewlett-Packard (Weltwirtschaftskrise, 1935)
- Charles Schwab (Börsenkrise 1974–75)
- Standard Oil (letztes Jahr des Bürgerkriegs, 1865)
- Coors (Depression of 1873)
- Costco (Rezession Ende der 1970er)
- Revlon (Weltwirtschaftskrise 1932)
- General Motors (Finanzkrise 1907)
- Procter & Gamble (Finanzkrise 1837)
- United Airlines (1929)

- Microsoft (Rezession 1973–75)
- LinkedIn (2002, Dotcom-Blase)

Den wenigsten ihrer Gründer war bewusst, dass sie sich in einer historisch bedeutsamen Krise befanden. Warum? Weil sie zu sehr mit der Gegenwart und der aktuellen Situation beschäftigt waren. Sie hatten keine Ahnung, ob sich die Lage verbessern oder verschlechtern würde – sie wussten nur, was in diesem Moment Sache war. Sie hatten ein Projekt, das sie verwirklichen wollten, eine Idee, an die sie glaubten, oder ein Produkt, das sie verkaufen wollten. Außerdem mussten sie Löhne zahlen.

Aber wir wollen uns meist nicht damit begnügen, die Dinge zu erledigen, wie sie kommen. Wir beschäftigen uns dauernd mit der Frage, was etwas »bedeutet«, ob etwas »fair« ist oder nicht, was »hinter« diesem oder jenem steckt, oder was alle anderen tun. Und dann wundern wir uns, dass wir nicht die Energie haben, um die anstehenden Probleme zu bewältigen. Oder wir lassen uns von unseren vielen Gedanken derart in Aufregung versetzen und ablenken, dass die Arbeit längst getan wäre, wenn wir uns gleich daran gemacht hätten.

Wir sehen die Wirtschaft immer durch einen Schleier von Mythen. Deswegen übersehen wir die eigentliche Botschaft unserer Heldengeschichten. Und die ist, dass die Hälfte aller Fortune-500-Unternehmen während einer Rezession oder Krise gegründet wurden. Ein erstaunlicher Anteil.

Das heißt, dass die meisten Menschen mit einem Handicap anfangen (oft ohne sich dessen bewusst zu sein) und trotzdem Erfolg haben. Die Erfolgreichen überleben, weil sie ihre Aufgaben Tag für Tag erledigen – das ist ihr wahres Geheimnis.

Bleiben Sie im Hier und Jetzt, schauen Sie nicht auf die Monster, die hinter der nächsten Ecke lauern könnten (oder auch nicht).

Ein Unternehmen muss die Zwänge seiner Umwelt als gegeben hinnehmen und aus diesen Umständen so viel herausholen wie möglich. Menschen mit Unternehmergeist sind in gewisser Weise wie Tiere, die weder die Zeit noch die Möglichkeit haben, sich Gedanken darüber zu machen, wie die Welt sein sollte, oder wie sie ihnen lieber wäre – und das ist zu ihrem eigenen Besten.

Für alle Tiere außer uns Menschen ist die Welt einfach so, wie sie ist. Unser Problem ist, dass wir immer nach einem Sinn suchen und fragen, warum die Dinge so sind, wie sie sind. Als ob das Warum etwas ändern würde. Emerson brachte es auf den Punkt, als er schrieb: »Wir können nicht den ganzen Tag mit Erklärungen vergeuden.« Verschwenden Sie Ihre Zeit daher nicht mit abwegigen Gedankenspielen.

Es spielt keine Rolle, ob wir in den besten oder den schlechtesten Zeiten leben, ob der Arbeitsmarkt überfüllt oder ausgetrocknet ist, oder ob die Hürde vor Ihnen bewältigbar oder beängstigend ist. Es zählt nur, was hier und jetzt ist.

Die Bedeutung eines Hindernisses existiert nur in unserem Kopf, sie reicht von der Vergangenheit in die Zukunft. Aber wir leben im Hier und Jetzt. Und je ernster wir das nehmen, umso leichter wird es, das Hindernis anzugehen und zu beseitigen.

Sie können ein anstehendes Problem als Chance begreifen, Ihre Aufmerksamkeit auf das Hier und Jetzt zu richten. Das große Ganze zu ignorieren und zufrieden zu sein mit dem, was passiert, wenn es passiert. Nicht darauf zu schielen, ob sich Ihre Zukunftsprognosen bestätigen oder nicht, weil Sie gar keine haben. Jeden neuen Moment als neuen Anfang zu begreifen, der alles vom Tisch wischt, was zuvor kam und was sich andere von der Zukunft erhofft haben.

Es gibt viele Methoden, um Sie ins Hier und Jetzt zu holen, aber manchmal reichen schon ein paar ganz einfache Dinge: Treiben Sie Sport. Schalten Sie ab. Gehen Sie im Park spazieren. Meditieren Sie. Schaffen Sie sich einen Hund an. Das alles erinnert Sie daran, wie schön die Gegenwart ist.

Eines ist sicher – es reicht nicht zu sagen: »Ich werde im Hier und Jetzt leben.« Dafür müssen Sie schon etwas tun. Halten Sie inne, wenn Sie feststellen, dass Ihre Gedanken abschweifen – holen Sie sie zurück. Stellen Sie störende Gedanken ab. Lassen Sie Dinge ruhen, auch wenn es Sie noch so in den Fingern juckt.

Verengen Sie Ihren Blick und zensieren Sie ihn ganz bewusst. Denken Sie daran, dass dieser Moment nicht Ihr ganzes Leben ist, sondern nur ein kurzer Moment in Ihrem Leben. Konzentrieren Sie sich auf das, was in diesem Moment ansteht. Ignorieren Sie, was es »bedeutet«, welchen »Sinn« es haben könnte oder warum es ausgerechnet Ihnen passiert.

In jedem Moment passiert einfach zu viel, um das Sie sich kümmern sollten, anstatt sich mit solchen Fragen abzugeben.

ÄNDERN SIE IHRE DENKWEISE

> Genie ist die Fähigkeit, das zu verwirklichen, was man im Kopf hat. Eine andere Definition gibt es nicht.
>
> – F. Scott Fitzgerald

Steve Jobs war bekannt für sein »realitätsverzerrendes Feld«, wie Beobachter es nannten. Dabei handelte es sich zum einen um eine Motivationsstrategie, zum anderen um schieren Willen und Ehrgeiz. In diesem Feld war kein Platz für Sätze wie »das geht nicht« oder »wir brauchen mehr Zeit«.

Jobs wurde früh klar, dass unsere Realität von den Regeln und Kompromissen eingeschränkt wird, die wir schon als Kinder lernen. Deshalb hatte er sehr ehrgeizige Vorstellungen davon, was möglich war und was nicht. Mit Visionen und Einsatz lassen sich weite Bereiche des Lebens verändern, war er überzeugt. Was man zu wissen glaubte, war nicht in Stein gemeißelt und musste in Frage gestellt werden.

In der Frühphase der Entwicklung der Maus steckte Jobs beispielsweise seine Erwartungen sehr hoch. Das Gerät sollte sich flüssig in alle Richtungen bewegen, was damals eine Neuheit war. Einer der Entwickler war pessimistisch: Das sei unmöglich, erklärte er dem leitenden

Ingenieur. Was Jobs da wolle, sei unrealistisch und werde nie funktionieren. Als der Ingenieur am nächsten Tag ins Büro kam, war der Entwickler nicht mehr da. Jobs hatte ihn entlassen. Als der neue Entwickler seine Stelle antrat, waren seine ersten Worte: »Ich kann die Maus bauen.«

Das war Jobs' Sicht der Realität. Selbstbewusst und unerbittlich, überzeugt davon, dass Menschen etwas verändern konnten. Er machte sich nicht bloß Illusionen – jahrzehntelange Erfahrung hatte ihn gelehrt, dass man Grenzen überschreiten und das »Unmögliche« erreichen kann.

Er wusste, dass mittelmäßige Ziele nur mittelmäßige Ergebnisse zeitigen. Aber mit großen Zielen ließ sich, wenn alles gut ging, Großes erreichen. Er war wie Napoleon, der seinen Soldaten zurief: »Es gibt keine Alpen mehr!«

Den meisten von uns fällt dieses Selbstvertrauen nicht leicht. Das ist verständlich. Zu oft haben wir gehört, wir sollten doch realistisch sein, auf dem Boden bleiben, oder schlimmer noch, keinen Staub aufwirbeln. Das sind nicht die Einstellungen, mit denen man große Ziele angeht. Denn so real sich unsere Selbstzweifel anfühlen, sie haben wenig Einfluss darauf, was tatsächlich möglich ist und was nicht.

Unsere Wahrnehmungen entscheiden zu einem unglaublich hohen Maß darüber, wozu wir in der Lage sind und wozu nicht. In vielerlei Hinsicht gestalten sie unsere Realität. Wenn wir mehr an das Hindernis glauben als an das Ziel – welches wird dann wohl gewinnen?

Ist das nicht die Geschichte der Kunst, die Geschichte der neuen Visionen und Stile? Ist das nicht die Geschichte der Wissenschaft, die Geschichte der Entdeckungen und Durchbrüche? Die alte Definition des Möglichen wird gesprengt, und eine neue Welt entsteht. Deshalb sollten wir nicht allzu viel auf das Gerede der anderen geben (die Stimme in unserem Kopf eingeschlossen). So erreichen wir gar nichts.

Seien Sie offen. Hinterfragen Sie.

Wir können die Realität zwar nicht beherrschen, doch mit unseren Wahrnehmungen haben wir großen Einfluss auf sie.

Eine Woche vor der geplanten Auslieferung des ersten Macintosh-Rechners kamen die Ingenieure zu Steve Jobs und teilten ihm mit, dass sie den Termin nicht halten konnten. In einer eilig einberufenen Telefonkonferenz erklärten die Ingenieure, warum sie noch zwei Wochen benötigten. Jobs antwortete ruhig, wenn sie es in zwei Wochen schaffen konnten, dann reichte sicherlich auch eine – bei dieser kurzen Zeit machte das keinen Unterschied. Und weil sie schon so weit gekommen waren und so gute Arbeit geleistet hatten, war eine Verschiebung des Auslieferungstermins völlig ausgeschlossen. Also rissen sich die Ingenieure zusammen und hielten ihren Termin ein. Mit seiner Beharrlichkeit hatte er sie wieder einmal zu einer Leistung angespornt, die sie selbst nicht für möglich gehalten hätten.

Und wie gehen Sie und ich mit einem unmöglich einzuhaltenden Abgabetermin um, den man uns von oben aufgedrückt hat? Wir jammern. Wir toben. Wir kritisieren. *Wie können die nur? Was soll das? Was glauben die, wer ich bin?* Wir suchen nach Auswegen und bemitleiden uns selbst.

Natürlich ändert das alles nichts an der objektiven Realität des Abgabetermins. Gegen die hilft nur Handeln. Jobs hatte kein Verständnis für Menschen, die nicht daran glaubten, dass sie etwas schaffen würden. Selbst wenn er unfaire, unangenehme und ehrgeizige Anforderungen stellte.

Seine genialen Produkte, die oft unglaublich intuitiv und futuristisch wirken, verkörpern diese Eigenschaft. Jobs überwand Grenzen, die andere für unüberwindbar hielten, und schuf auf diese Weise etwas völlig Neues. Niemand hatte geglaubt, dass Apple die Produkte herstellen konnte, die das Unternehmen später herstellte. Und siehe da, manchmal konnten sie es tatsächlich nicht: Jobs wurde 1985 entlassen, unter anderem, weil er weit hinter dem Zeitplan lag und seine Produkte nicht funktionierten. (Ironischerweise hielten einige Vorstandsmitglieder die Expansion von Apple in den Konsumgüterbereich für einen »verrückten Plan«.) Aber Jobs lernte daraus und verfeinerte seine Fähigkeiten in einem neuen Bereich – er gründete Pixar, das die Möglichkeiten im Bereich Film neu definierte.

Jobs lernte, erste Reaktionen und den damit einhergehenden Widerspruch zu überhören, weil dieser Widerspruch fast immer aus Angst resultiert. Als er für das Display des ersten iPhones ein Spezialglas bestellte, war der Hersteller entsetzt über die knappe Frist. »Wir haben die Kapazitäten gar nicht!«, stöhnte der Mann. »Keine Angst«, erwiderte Jobs. »Sie schaffen das. Denken Sie drüber nach. Sie können das.« Fast über Nacht baute der Hersteller seine Fabrik zu einem Glasriesen um und innerhalb von sechs Monaten hatte er genug

Displays hergestellt, um die erste Serie von iPhones zu bestücken.

Das unterscheidet sich radikal von allem, was man uns eingetrichtert hat. *Sei realistisch*, sagt man uns. *Hör auf die Meinung der anderen. Mach Kompromisse.* Aber was ist, wenn die anderen Unrecht haben? Was, wenn die Konsensmeinung zu vorsichtig ist? Eines der größten Hindernisse ist der allzu verbreitete Instinkt *zu jammern, abzuwälzen und aufzugeben.*

Unternehmer sind Menschen, die daran glauben, dass sie etwas schaffen können, wo vorher nichts war. Die Tatsache, dass noch niemand dies oder jenes erreicht hat, spornt sie eher noch an. Eine vermeintlich unrealistische Aufgabe ist für sie eine Chance, zu beweisen, aus welchem Holz sie geschnitzt sind, und alles zu geben, auch wenn es schwer wird. Sie sehen es als Chance, denn oft sind wir genau in diesen verzweifelten Situationen, in denen es um alles oder nichts geht, am kreativsten.

Hier, wo Hindernisse neue Möglichkeiten aufzeigen, haben wir unsere besten Ideen.

ERKENNEN SIE IHRE CHANCE

Der Weise sieht alles auf seine Art und wendet alles zu seinem Nutzen.

– SENECA

Eine der wirksamsten und entsetzlichsten Erfindungen der modernen Kriegstechnik war der deutsche Blitzkrieg. Um nicht im zermürbenden Stellungskrieg des Ersten Weltkriegs stecken zu bleiben, formierten die Deutschen im Zweiten Weltkrieg mobile Divisionen, um schlagkräftige Angriffe durchzuführen und ihre Feinde zu überrumpeln.

Wie eine Speerspitze stießen ihre Panzerkolonnen nach Polen, die Niederlande, Belgien und Frankreich vor, ohne auf allzu viel Widerstand zu treffen. In den meisten Fällen ergaben sich die gegnerischen Befehlshaber einfach angesichts dieses vermeintlich unermüdlichen und unbesiegbaren Ungeheuers, das über sie herfiel. Der Blitzkrieg sollte den Schrecken des Gegners ausnutzen – dieser sollte angesichts des scheinbar übermächtigen Feindes in die Knie gehen. Der Erfolg hing allein von dieser Reaktion ab. Die Strategie funktioniert vor allem deshalb, weil die Verteidiger die Angreifer als gewaltiges Hindernis wahrnehmen, das unaufhaltsam auf sie zurollt.

So erlebten die Alliierten den Blitzkrieg über weite Teile des Zweiten Weltkriegs. Sie sahen nur die Stärke des Gegners sowie ihre eigene Verwundbarkeit. In den Wochen und Monaten nach ihrer erfolgreichen Landung in der Normandie sahen sie sich dieser Strategie ein weiteres Mal ausgesetzt und mussten massive deutsche Gegenoffensiven zurückschlagen. Wie ließen sich diese aufhalten? Würden sie die Alliierten wieder auf die Strände zurückdrängen, die sie unter so großen Opfern erobert hatten?

Der Oberbefehlshaber hatte die Antwort. Mit festem Schritt betrat General Dwight D. Eisenhower das Besprechungszimmer im Hauptquartier auf der Insel Malta und erklärte, er habe die Nase voll von seinen zitternden Generälen. »Wir wollen unsere Situation als Chance begreifen, und nicht als Katastrophe«, verkündete er. »An diesem Konferenztisch will ich nur zufriedene Gesichter sehen!«

Während die Gegenoffensive rollte, erkannte Eisenhower endlich die taktische Lösung, die er die ganze Zeit vor seiner Nase gehabt hatte: Die Strategie der Wehrmacht war im Grunde selbstzerstörerisch.

Erst jetzt erkannten die Alliierten, dass das Hindernis nicht nur eine Bedrohung war, sondern eine Chance barg. Wenn die Alliierten zurückwichen, ohne sich aufreiben zu lassen, würden ihnen mit diesem Angriff mehr als 50.000 deutsche Soldaten in die Falle gehen.

»Wenn der Feind seine Stellungen verlässt, geht er das größte Risiko ein und gibt uns die Chance, ihm seine schlimmste Niederlage beizubringen«, erklärte Eisenhower. »Daher fordere ich jeden Mann der Alliierten auf, neue Gipfel des Muts, der Entschlossenheit und des Einsatzes zu erklimmen.«

Genau das taten sie, und Eisenhower erreichte sein Ziel. Er ließ sich nicht beeindrucken. Er hielt dagegen. Der Kessel von Falaise und die Ardennenoffensive sahen zunächst aus wie schwere Rückschläge, doch sie endeten in den größten Triumphen der Alliierten.

Die alliierten Truppen ließen den Keil der deutschen Angreifer passieren, griffen dann von den Seiten und von hinten an und schlossen die Deutschen so ein. Der schnelle Vorstoß der deutschen Panzer war nicht nur wirkungslos, sondern selbstmörderisch – ein Paradebeispiel dafür, warum man seine Flanken niemals ungesichert lassen darf.

Mit unserem Urteil und unserer Erfahrung können wir einer Situation in die Augen sehen und mit Marc Aurel sagen: »Das und das bist du in Wahrheit, auch wenn du angeblich als etwas anderes erscheinst.« Das ist der erste Schritt: unerschütterlich zu bleiben und sich nicht entmutigen zu lassen, auch wenn der Blitzkrieg und so viele andere Probleme im Leben anstürmen. Das schaffen nur wenige. Aber wenn Sie Ihre Emotionen im Griff haben, kommt als Nächstes Ihre Anpassungsfähigkeit ins Spiel, und Sie können mit Marc Aurel sagen: »Dich suchte ich gerade.«

Das müssen wir tun: Es suchen. Wie Laura Ingalls Wilder sagte: »Alles hat sein Gutes, wenn man nur danach sucht.« Aber darin haben wir keine Übung. Wir verschließen die Augen vor dem Geschenk. Eine Niederlage ist leicht zu erkennen, oder? Das Problem liegt auf der Hand. Aber um die Chance zu sehen, muss man genauer hinschauen, die Brille aufsetzen oder die Lupe hervorholen.

Die Wurzeln des Problems sind oft unsere Annahmen. Sie sagen uns, dass etwas so und so ist oder sein sollte. Und wenn es das nicht ist, dann sehen wir uns im Nachteil und nehmen an, dass wir mit alternativen Lösungen nur unsere Zeit verschwenden. Aber in Wirklichkeit haben wir unsere Chance, und jede Situation birgt eine Möglichkeit zu handeln.

Stellen Sie sich vor, Sie haben einen unerträglichen Vorgesetzten, mit dem Sie einfach nicht auskommen. Sie haben das Gefühl, dass er Ihnen das Leben zu Hölle macht. Sie können nicht mehr. Sie knicken ein.

Aber was wäre, wenn Sie diese Situation nicht als Katastrophe, sondern als Chance begreifen würden?

Wenn Sie mit Ihren Kräften am Ende sind und schon ernsthaft über eine Kündigung nachdenken, haben Sie noch einmal die einmalige Chance, zu wachsen und zu lernen. Eine wunderbare Gelegenheit, mit verschiedenen Lösungen zu experimentieren, verschiedene Taktiken auszuprobieren oder neue Projekte zu übernehmen, um neue Qualifikationen zu erwerben. Sie können Ihren unausstehlichen Vorgesetzten beobachten und von ihm lernen – während Sie gleichzeitig Ihren Lebenslauf polieren und Bewerbungen losschicken. Sie können sich auf Ihre neue Stelle vorbereiten, indem Sie neue Methoden der Kommunikation erproben oder sich zur Wehr setzen – das alles in der sicheren Gewissheit, dass Sie gehen werden.

Mit dieser neuen Einstellung und Furchtlosigkeit schaffen Sie es vielleicht sogar, Ihrem Vorgesetzten Zugeständnisse abzutrotzen. Und wer weiß, vielleicht macht Ihnen die Arbeit ja plötzlich wieder Spaß. Eines Tages macht Ihr Vorgesetzter einen Fehler, und dann gehen Sie in die Offensive. Das ist besser als die Alternative – Gejammer, Genörgel, Heuchelei, Rückgratlosigkeit.

Ein anderes Beispiel ist der Dauerrivale am Arbeitsplatz (oder das Konkurrenzunternehmen), der Ihnen fortwährend Kopfzerbrechen bereitet. Bedenken Sie, dass er Ihnen helfen kann,

- wachsam zu bleiben,
- Ansporn zu spüren,
- zu zeigen, dass er Unrecht hat,
- sich abzuhärten,
- wahre Freunde schätzen zu lernen,
- ein abschreckendes Beispiel vor Augen zu haben und immer zu wissen, wie Sie nicht werden wollen.

Oder ist Ihr Computer abgestürzt und hat Ihre ganze Arbeit vernichtet? Es ist eine Chance, neu anzufangen. Wenn Sie die Aufgabe noch einmal erledigen – selbst wenn das Ergebnis gleich aussieht –, werden Sie doppelt so gut sein.

Segen und Last schließen sich nicht gegenseitig aus. Es ist viel komplizierter. Sokrates hatte angeblich eine ziemlich gemeine und streitsüchtige Frau; er sagte immer, dass die Ehe mit ihr eine gute philosophische Übung sei.

Wenn andere

- unhöflich und respektlos sind:
  dann unterschätzen sie uns – ein großer Vorteil für uns.
- hinterhältig sind:
  dann müssen wir uns nicht entschuldigen, wenn wir ein Exempel an ihnen statuieren.
- uns kritisieren und unsere Fähigkeiten anzweifeln:
  dann sind ihre bescheidenen Erwartungen leichter zu erfüllen.
- faul sind:
  dann erscheint unsere Leistung gleich doppelt bewundernswert.

Wenn wir die Wahl hätten, würden wir uns natürlich dafür entscheiden, dass die Dinge einfach und schön sind und uns nicht überwältigen. Aber wenn es doch passiert, dann sollten Sie sich erinnern, dass die gefürchteten Niederlagen auch ihre guten Seiten haben können.

Sportpsychologen führten einmal eine Untersuchung mit Leistungssportlern durch, die einen Rückschlag oder eine schwere Verletzung erlitten hatten. Die Athleten fühlten sich zunächst isoliert und niedergeschlagen und zweifelten an ihrem Können. Doch schon bald verspürten sie das Bedürfnis, anderen zu helfen, sie blickten über den eigenen Tellerrand hinaus und erkannten ihre Stärken.

Mit anderen Worten, ihre Ängste und Selbstzweifel verwandelten sich in größere Fähigkeiten auf ihrem Gebiet.

Das ist ein schöner Gedanke. Psychologen sprechen davon, dass wir am Widerstand und auch durch Traumata wachsen. »Was mich nicht umbringt, macht mich nur stärker« – das ist kein leeres Gerede, sondern eine Tatsache.

Die Auseinandersetzung mit einem Hindernis bringt uns unweigerlich weiter. Sie zeigt uns neue Chancen und Möglichkeiten auf. Je mehr wir kämpfen, umso mehr wachsen wir. Das Hindernis ist ein Gewinn, kein Verlust. Der eigentliche Feind sind die Wahrnehmungen, die uns daran hindern, das zu erkennen.

Oder wir können kämpfen und leugnen und weglaufen. Das Ergebnis ist das gleiche. Aber das Hindernis existiert immer noch. Der Nutzen ist immer noch unter der Oberfläche vorhanden. Wofür werden Sie sich entscheiden?

Das Paket mag schlecht verpackt sein. Es kann abstoßend sein. Aber was kümmert uns das? Denn was wir brauchen, befindet sich im Inneren der Verpackung. Das Geschenk – die Gelegenheit – ist das, was man findet, wenn man all das Äußere abreißt.

SCHREITEN SIE ZUR TAT

Dann ahmt dem Tiger nach in seinem Tun;
Spannt eure Sehnen, ruft das Blut herbei …

– Shakespeare

Probleme sind selten so groß, wie wir glauben – oder besser gesagt: Sie sind nur genauso groß, wie wir glauben.

Es ist ein erheblicher Fortschritt zu erkennen, dass das Schlimmste nicht das Ereignis selbst ist. Das Schlimmste ist das Ereignis plus unsere kopflose Reaktion darauf, ist die Vorstellung, dass gerade die schlimmste Sache überhaupt passiert ist. Denn nun haben Sie gleich zwei Probleme, von denen eines vollkommen überflüssig ist.

Die Aufgabe ist klar: Sobald Sie die Welt so sehen, wie sie ist, müssen Sie handeln. Die richtige Wahrnehmung – objektiv, rational, ehrgeizig, klar – erkennt das Hindernis so, wie es ist.

Ein klarer Kopf gibt eine ruhige Hand.

Und diese Hand muss nun ans Werk gehen. Gut genutzt werden.

Im Leben müssen wir alle Annahmen treffen und Kosten und Nutzen gegeneinander abwägen. Niemand verlangt von Ihnen, die Welt durch eine rosarote Brille zu sehen. Niemand erwartet den heldenhaften Untergang und Märtyrertod.

Aber Mut schon, auch und gerade angesichts der Schwierigkeiten und der wahren Natur des Hindernisses. Packen Sie den Stier bei den Hörnern – nicht weil Sie leichtsinnig sind, sondern weil Sie das Risiko kalkuliert haben und die Herausforderung mutig annehmen.

Jetzt, da Sie Ihre Wahrnehmung geschärft haben, ist es Zeit zu handeln.

Sind Sie bereit?

TEIL 2

HANDELN

Was ist Handeln? Alle Menschen handeln, aber nur wenige handeln richtig. Es ist eine Kunst, nicht jedes Handeln genügt, sondern nur *gezieltes* Handeln. Alles muss im Dienste des Ganzen stehen. Schritt für Schritt, Tat für Tat räumen wir das Hindernis aus unserem Weg. Mit Hartnäckigkeit und Flexibilität schreiten wir auf unser Ziel zu. Handeln erfordert Mut, nicht Frechheit, und kreativen Einsatz, nicht rohe Gewalt. Unsere Taten und Entscheidungen definieren uns: Wir müssen entschlossen, kühn und hartnäckig vorgehen. Das zeichnet richtiges und effektives Handeln aus. Nichts anderes – nicht Denken oder Ausflucht oder Schützenhilfe von anderen. Handeln ist die Antwort auf unsere Probleme.

HANDELN IST ERLERNBAR

Niemand wäre auf den Gedanken gekommen, dass Demosthenes eines Tages der größte Redner von Athen werden würde. Er kam schwach und kränklich zur Welt und litt unter einem schweren Sprachfehler. Als er sieben Jahre alt war, starb sein Vater. Doch es sollte noch viel schlimmer kommen.

Der Vater hatte dem Jungen zwar ein großes Erbe hinterlassen, um ihm die beste Ausbildung zu ermöglichen, doch seine drei Vormunde veruntreuten das Vermögen. Sie weigerten sich, seine Lehrer zu bezahlen und dem Jungen die Bildung zu geben, die ihm zustand. Schwächlich, wie er war, blieb ihm auch das zweite Gebiet verschlossen, in dem sich die Athener Bürger hervortun konnten: der Sport.

So wuchs Demosthenes als verweichlichter, linkischer Halbwaise auf, über den sich alle lustig machten. Er war der Letzte, von dem man erwartet hätte, dass er später allein mit seiner Stimme eine Nation zum Krieg mobilisieren würde.

Von der Natur benachteiligt und von den Menschen, die ihn beschützen sollten, im Stich gelassen, erlitt Demosthenes so ziemlich das größte Unrecht, das ein Kind erleben kann. Das war unfair und falsch. Die meisten Menschen hätten vermutlich resigniert. Nicht so Demosthenes.

Noch als Kind erlebte er im Gericht von Athen den Auftritt eines begabten Redners, der großen Eindruck auf ihn machte. Allein mit seiner Redekunst und Ausstrahlung schlug dieser Mann die Masse in seinen Bann. Stundenlang hingen die Menschen an seinen Lippen, und nur mit dem Klang seiner Stimme und der Kraft seiner Gedanken zwang er seine Gegner in die Knie. Der junge Demosthenes war begeistert und fühlte sich angespornt, denn in vieler Hinsicht war dieser starke, selbstbewusste Redner das genaue Gegenteil des schwachen und ohnmächtigen Jungen, den alle übersahen.

Also machte er sich an die Arbeit.

Um sein Stottern zu therapieren, erfand er sonderbare Übungen. Mit Kieselsteinen im Mund übte er Sprechen. Ganze Reden schrie er in den Wind oder während er steile Abhänge hinauflief. Er lernte, Reden in einem Atemzug zu halten. Und schon bald erschallte seine einst leise, schwache Stimme laut, stark und klar.

Um zu lernen und sich zu bilden, schloss sich Demosthenes in einen Keller ein, den er selbst gegraben hatte. Um zu verhindern, dass er sich weltlichen Ablenkungen hingeben würde, rasierte er sich eine Schädelhälfte kahl, weil er sich derart verunstaltet nicht auf die Straße trauen würde. Jeden Tag stieg er in sein Lerngefängnis, um seine Stimme, seine Gestik und seine Argumente zu üben.

Als er sich wieder herauswagte, tat er dies nur, um draußen weiterzulernen. In jedem Moment, jedem Gespräch und jeder Handlung sah er eine Möglichkeit, seine Kunst zu verfeinern. Bei alledem hatte er nur ein einziges Ziel: seine Feinde vor Gericht zu bringen und sich das zurückzuholen, was sie ihm gestohlen hatten. Und das tat er dann auch.

Sobald Demosthenes volljährig war, reichte er bei Gericht Klage gegen die Vormunde ein, die ihn um sein Erbe gebracht hatten. Diese heuerten eigene Anwälte an, doch er ließ sich nicht aufhalten. Mit seiner Flexibilität und Kreativität führte er einen Prozess nach dem anderen und hielt zahllose Plädoyers. Im Vertrauen auf seine neuen Kräfte und angetrieben durch seine eigene Arbeit, redete er seine Widersacher in Grund und Boden. Am Ende stand Demosthenes als Sieger da.

Zwar hatten seine Feinde inzwischen einen großen Teil des Erbes verprasst, doch das Geld war zweitrangig. Sein neuer Ruf als Redner, seine Ausstrahlung auf die Massen und seine ausgezeichneten juristischen Kenntnisse waren viel mehr wert als das einstmals große Vermögen.

Mit jeder seiner Reden wurde er stärker, mit jedem Tag entschlossener. Er lernte, Wichtigtuer zu durchschauen und seine Ängste in den Griff zu bekommen. Indem er sein unseliges Schicksal bei den Hörnern packte, fand er seine wahre Berufung: Er wurde die Stimme Athens, der Sprecher und das Bewusstsein der Stadt. Seinen Erfolg verdankte er nur dem Unrecht und Leid, das er durchlitten hatte, und seiner Reaktion darauf. Seinen ganzen Zorn und Schmerz hatte er erst in seine Ausbildung und dann in seine Reden kanalisiert, und damit verlieh er seinen Worten eine unwiderstehliche Entschlossenheit und Kraft.

Rhetoriklehrer fragten Demosthenes einmal nach den drei entscheidenden Regeln für eine gute Rede. Seine Antwort sagt alles: »Taten, Taten, Taten!«

Sicher, Demosthenes musste einen schweren Schlag hinnehmen, als er das Vermögen verlor, das ihm zustand. Aber mit seiner Reaktion darauf schuf er sich ein viel größeres Vermögen, das ihm niemand mehr nehmen konnte.

Und Sie? Was tun Sie, wenn Sie einen Schlag einstecken müssen? Wie reagieren Sie? Geben Sie auf – oder geben Sie alles? Was tun Sie, wenn alles um Sie herum in die Luft fliegt – buchstäblich oder nur bildlich: Laufen Sie auf die Explosion zu? Laufen Sie weg? Oder schlimmer noch, verfallen Sie in Schockstarre und tun gar nichts?

Die Antwort auf diese Frage sagt alles über uns aus.

Es ist traurig, dass so viele von uns diese Prüfung nicht bestehen und sich für das Nicht-Handeln entscheiden. Denn Handeln ist natürlich und angeboren. Wenn Sie stolpern und stürzen, reagiert Ihr Körper instinktiv, um sich zu schützen. Sie strecken die Hände aus, um den Sturz abzufangen und nicht auf die Nase zu fallen. In einem schweren Unfall reagieren Sie mit Schock, aber Sie schaffen es immer noch, die Arme zu heben und Ihr Gesicht zu schützen. Sie denken nicht, Sie jammern nicht, Sie streiten nicht. Sie handeln. Sie haben wahre Kräfte – Sie sind stärker, als Sie glauben.

Aber im Leben greifen plötzlich unsere schlechtesten Instinkte nach den Zügeln, und wir zaudern. Anders als Demosthenes handeln wir schwach und tun nichts, um stärker zu werden. Vielleicht sind wir gerade noch dazu in der Lage, das Problem zu beschreiben und sogar Lösungen zu benennen, doch dann gehen Wochen, Monate und Jahre ins Land, und das Problem ist immer noch da. Oder es ist schlimmer geworden. Als ob wir erwarten würden, dass sich jemand anderes darum kümmert oder dass sich das Hindernis selbst aus dem Weg räumt.

Sie kennen das. Jeder von uns hat schon gesagt: »Ich fühle mich so überfordert/müde/gestresst/beschäftigt/blockiert/kraftlos.«

Und was tun wir dagegen? Wir beschweren uns. Wir lenken uns ab. Wir verwöhnen uns. Wir schlafen aus. Wir warten.

Es fühlt sich besser an, die Sache zu vergessen oder zu tun als ob. Aber tief in unserem Innern wissen wir, dass sie davon nicht besser wird. Wir müssen etwas tun. Und wir müssen sie jetzt anpacken.

Wir vergessen gern, dass es vollkommen gleichgültig ist, was uns passiert oder woher wir kommen. Das Entscheidende ist, was wir mit dem anfangen, was uns passiert und was uns gegeben wurde. Großes leisten wir nur dann, wenn wir alles zu unserem Vorteil nutzen.

Menschen machen andauernd aus Scheiße Gold – und zwar aus Scheiße, die viel schlimmer ist als alles, was uns im Weg liegt. Zum Beispiel körperliche Behinderungen, Diskriminierung oder Schlachten gegen überlegene Streitkräfte. Aber diese Leute geben nicht auf. Sie bemitleiden sich nicht selbst. Sie belügen sich nicht und erzählen sich keine Ammenmärchen über einfache Auswege. Sie konzentrieren sich auf das Einzige, was zählt: Sie machen sich mit Elan und Kreativität ans Werk.

Manche Menschen, die in Armut, Krieg oder Chaos zur Welt kommen, haben mit unseren Vorstellungen von

Fairness, Gut oder Schlecht nichts am Hut. Sie treffen einfach nicht auf sie zu. Sie kennen keine andere Situation als die ihre. Aber sie jammern nicht, sondern arbeiten damit. Sie machen das Beste daraus. Weil ihnen gar nichts anderes übrig bleibt. Weil sie keine andere Wahl haben.

Niemand will schwach oder unterdrückt zur Welt kommen. Niemand lebt gern von der Hand in den Mund. Niemand will vor einem Hindernis stehen, das jeden Weg zu versperren scheint. An solchen Umständen ändert auch eine geschulte Wahrnehmung nichts. Aber durch Taten lassen sie sich sehr wohl verändern. Taten sind das Einzige, was in solchen Situationen wirkt.

Was nicht heißen soll, dass Sie nicht kurz innehalten und denken dürfen: *Verdammte Scheiße!* Lassen Sie's raus. Atmen Sie durch. Schauen Sie sich den Schaden an. Aber lassen Sie sich nicht zu viel Zeit damit. Denn Sie müssen sich an die Arbeit machen. Denn jedes Hindernis, das wir überwinden, macht uns stärker für das nächste.

Aber …

Kein Aber. Keine Ausreden. Keine Ausnahmen. Keine Ausflüchte: Es ist an Ihnen.

Wir können es uns nicht erlauben, davonzulaufen. Oder den Kopf in den Sand zu stecken. Denn wir haben zu tun. Vor uns liegt ein Hindernis, das wir aus dem Weg räumen und für uns nutzen wollen.

Niemand kommt, um Sie zu retten. Und wenn wir unser Ziel erreichen wollen, führt nur ein Weg dorthin. Und das heißt, unseren Problemen mit richtigem Handeln zu begegnen.

Deshalb begrüßen wir unsere Hindernisse

- mit Energie
- mit Hartnäckigkeit
- mit einem stimmigen und gezielten Prozess
- mit Pragmatismus
- mit strategischem Weitblick
- mit Geschick und Klugheit
- mit einem Auge für Chancen und Wendepunkte

Sind Sie bereit, anzupacken?

FANGEN SIE AN

Jeder von uns wird sich entweder abnutzen
oder verrosten. Jeder von uns.
Ich habe beschlossen, mich abzunutzen.

– Theodore Roosevelt

Amelia Earhart träumte davon, die Königin der Lüfte zu werden. Aber sie lebte Anfang der 1920er, und damals meinten die meisten Menschen, Frauen seien zerbrechlich und schwach und hätten nicht das Zeug zur Fliegerei.

Weil sie ihren Lebensunterhalt nicht als Pilotin verdienen konnte, schlug sie sich mit zahllosen Gelegenheitsjobs durch. Doch eines Tages klingelte das Telefon. Der Mann am anderen Ende der Leitung machte ihr einen unverschämten Vorschlag, der ungefähr so lautete: *Wir haben einen Sponsor für den ersten Transatlantikflug. Unsere erste Wahl will nicht an den Start gehen. Sie sollen das Flugzeug nicht selbst fliegen, und wir geben ihnen zwei männliche Begleiter mit. Die bekommen eine Menge Geld von uns, und Sie bekommen keinen Cent. Ach ja, und lebensgefährlich ist die Sache auch.*

Wissen Sie, was Earhart zu diesem Angebot sagte? Sie sagte Ja.

Denn so etwas tun Menschen, die sich nicht an die Spielregeln halten. Menschen, die Großes vollbringen –

egal ob sie fliegen oder sich über Diskriminierung hinwegsetzen. Sie legen los. Egal wo. Egal wie. Ihnen ist es egal, dass die Umstände nicht hundertprozentig perfekt sind, oder dass man sie unterschätzt. Denn Sie wissen, wenn Sie loslegen und erst einmal in Fahrt kommen, dann werden sie es schon schaffen.

So erging es auch Amelia Earhart. Keine fünf Jahre später flog sie als erste Frau solo und nonstop über den Atlantik und ihr Name war in aller Welt bekannt.

Das alles wäre nicht passiert, wenn sie über dieses dreiste erste Angebot die Nase gerümpft und sich selbst bemitleidet hätte. Und es wäre nicht passiert, wenn sie nach diesem ersten Flug die Hände in den Schoß gelegt hätte.

Das Entscheidende war, dass sie die Gelegenheit beim Schopf packte und danach nicht locker ließ. Sie stellte ihren Fuß in die Tür und schob dann ihren ganzen Körper hindurch – sie ließ sich von niemandem aufhalten. Es war nicht fair, dass es so lief, aber es machte ihre Leistungen umso beeindruckender.

Das Leben kann frustrierend sein. Oft wissen wir genau, was unsere Probleme sind. Wir wissen sogar, was wir dagegen unternehmen können. Aber wir haben Angst, dass es zu riskant wäre zu handeln, dass uns die Erfahrung fehlt, dass alles ganz anders aussieht als erwartet, dass es zu teuer ist, dass es zu früh ist, dass sich vielleicht noch eine bessere Gelegenheit ergeben könnte, oder dass es nicht funktioniert.

Und wissen Sie, was deshalb passiert? Gar nichts. Wir tun nichts. Sagen Sie sich: *Die Zeit ist reif. Der Wind steht gut. Die Glocke hat geläutet. Krempel die Ärmel hoch, mach dich an die Arbeit.*

Wir glauben oft, dass die Welt sich nach uns richtet. Statt loszulegen, trödeln wir. Statt zu rennen, bummeln wir. Und dann stellen wir erschrocken fest, dass wir nichts zustande bringen, dass sich keine Chancen ergeben, dass sich Hindernisse vor uns auftürmen, oder dass die Konkurrenz aufwacht.

Aber es kann ja gar nicht anders kommen, wenn wir den anderen so viel Spielraum lassen. Wir haben ihnen schließlich die Chance gegeben.

Deshalb ist der erste Schritt: Nehmen Sie den Schläger von der Schulter, machen Sie ein paar Aufwärmschwünge. Wenn Sie ankommen wollen, müssen Sie losgehen.

Nehmen wir an, das haben Sie getan. Großartig. Damit sind Sie den meisten Menschen schon ein gutes Stück voraus. Aber stellen Sie sich eine ehrliche Frage: Könnten Sie nicht noch mehr tun? Wahrscheinlich ja – es ist immer mehr drin. Zumindest könnten Sie mehr Energie investieren. Vielleicht haben Sie den ersten Schritt getan, aber Sie sind nicht mit ganzem Herzen dabei – und das spürt man.

Wirkt sich das auf das Ergebnis aus? Ohne Frage.

Seneca sagte einmal scherzhaft, Narren hätten eine Gemeinsamkeit: Sie bereiteten sich immer darauf vor anzufangen. Sie wissen, dass sie ein Problem haben. Sie wissen vielleicht sogar, wie es sich beheben lässt. Morgen werden sie es anpacken. Wenn die Bedingungen günstiger sind, wenn alle erforderlichen Mittel parat liegen, wenn sie grünes Licht von ihren Vorgesetzten bekommen, wenn andere vorangehen, wenn sie mehr Geld auf der hohen Kante haben.

Natürlich! Selbstverständlich werden sie dann anfangen.

Aufschieben nimmt viele Gestalten an. Wir können uns einreden, dass etwas unmöglich ist, oder dass es im Gegenteil ein Kinderspiel ist, weshalb wir alle Zeit der Welt haben. Das Ergebnis ist immer dasselbe: nichts. Denn »Das mache ich morgen« ist eine der heimtückischsten und verführerischsten Lügen der Welt.

Sie schlafen, reisen, sitzen in Besprechungen oder jammern online, doch die Konkurrenz schläft nicht. Das Problem schläft nicht. Die Entropie schläft nicht. Ihre Gegner, die Türhüter und Seilschaften, schlafen nicht.

General James Mattis, der sich sein Leben lang mit den Stoikern beschäftigte, wurde einmal gefragt, was ihm nachts den Schlaf raubte. Seine Antwort? »Ich raube den Leuten den Schlaf.«

Aus unerfindlichen Gründen neigen wir heutzutage dazu, Tatkraft, Risikobereitschaft und Bissigkeit schlechtzureden. Was vermutlich daran liegt, dass wir sie mit negativen Vorstellungen von Aggression oder Männlichkeit in Verbindung bringen.

Aber Earhart beweist, dass das so nicht stimmt. Auf die Seite ihres Flugzeugs hatte sie die Worte gepinselt: »Denk immer mit dem Knüppel nach vorn«. Das heißt, Sie können die Fluggeschwindigkeit nicht reduzieren, sonst stürzen Sie nämlich ab. Handeln Sie überlegt, aber handeln Sie.

Sitzen Sie nicht einfach da und beklagen sich, dass Sie nicht bekommen, was Sie wollen, oder dass sich das aktuelle Hindernis nicht überwinden lässt, wenn Sie noch gar nichts ausprobiert haben!

Oder wenn Sie Gelegenheiten nicht genutzt haben, weil sie Ihnen nicht perfekt erschienen. Oder wenn Sie sich über mangelnde Ressourcen beklagen. Oder wenn Sie hoffen, dass sich das Problem von selbst löst. Natürlich sind Sie noch nicht von der Stelle gekommen, Sie haben ja noch gar nichts unternommen!

Wir sprechen gern von Mut, aber wir vergessen, dass es im Grunde nur darum geht zu handeln – egal ob wir auf jemanden zugehen, der uns Angst macht, oder ob wir endlich ein Buch zu einem Thema aufschlagen, das uns schon lange interessiert. Genau wie Earhart haben alle Menschen, die wir bewundern, mit den Worten angefangen: *Jetzt geht es los!* Und meist fanden sie sich dabei in deutlich ungünstigeren Umständen, als wir sie je erleben werden.

Nur weil uns die Umstände nicht gefallen oder wir das Gefühl haben, noch nicht bereit zu sein, heißt das noch lange nicht, dass wir nicht loslegen können. Wenn Sie Schwung aufnehmen wollen, müssen Sie ihn schon selber erzeugen – und zwar jetzt, indem Sie aufstehen und anfangen.

BLEIBEN SIE HARTNÄCKIG

> Er sagt, der beste Ausweg sei immer durch.
> Und ich stimme zu, oder soweit ich keinen
> Weg raus sehe, nur durch.
>
> – Robert Frost

Fast ein Jahr lang rannte General Ulysses S. Grant gegen die Verteidigungsanlagen von Vicksburg an. Die Stadt lag auf einem Felsen hoch über einer Biegung im Mississippi, und von hier aus kontrollierten die Südstaaten den wichtigsten Fluss des Landes. Grant versuchte es mit einem Frontalangriff. Er versuchte es über die Flanken. Er brachte Monate damit zu, einen Kanal zu graben, um den Flusslauf zu verlegen. Er sprengte die Dämme flussaufwärts und versuchte, über das überschwemmte Land mit Booten in die Stadt zu kommen.

Doch alles war zwecklos. »Mir geht es sehr gut, aber ich bin sehr verwirrt«, schrieb Grant im März 1863 frustriert an seine Frau. »Bislang hatte ich nichts anderes zu tun, als den Feind zu bekämpfen. Dieses Mal muss ich Hindernisse überwinden, um ihn zu erreichen.«

Begleitet wurden seine Unternehmungen von gehässigen Kommentaren in der Presse. Der ausbleibende Fortschritt war alarmierend. Ein von Lincoln bestellter Ersatzmann stand schon in den Startlöchern. »Der Feldzug wird schlecht geleitet«, schrieb ein General nach Washington. »Ich fürchte ein Unglück vor Vicksburg. Alle Pläne Grants sind gescheitert. Er weiß, dass er etwas tun muss, sonst ist sein Kopf ab.« Trotz seines Platzes auf dem Henkersblock ließ sich Grant nicht aus der Ruhe bringen, weigerte sich, etwas zu übereilen oder aufzugeben.

Er wusste genau, dass es irgendwo eine Schwachstelle geben musste. Und die würde er finden, und wenn er eigenhändig eine Bresche schlagen musste.

Sein nächster Angriff widersprach allen militärischen Lehrbüchern. Er schickte seine Schiffe direkt unter dem Feuer der feindlichen Kanonen den Fluss hinunter – ein gewaltiges Wagnis, denn wenn sie erst einmal an der Stadt vorbei waren, konnten sie nicht wieder zurück. Trotz eines beispiellosen nächtlichen Geschützdonners überstanden fast alle Boote die Fahrt unbeschadet. Einige Tage später setzte Grant fünfzig Kilometer flussabwärts über den Mississippi, marschierte Richtung Vicksburg und rollte auf diesem Weg die feindlichen Stellungen auf. Als er mit der Belagerung der Stadt selbst begann, war die Botschaft für Freund und Feind unmissverständlich: Dieser Mann würde niemals aufgeben. Irgendwann würden die Verteidiger einknicken. Grant ließ sich nicht aufhalten. Der Sieg mochte nicht den gängigen militärischen Theorien gehorchen, aber er war unvermeidlich.

Beim Kampf gegen unsere eigenen Hindernisse wollen wir genau das vermitteln, nach außen wie nach innen. Wir lassen uns nicht durch Rückschläge aus der Bahn werfen, wir lassen uns nicht hetzen und nicht durch Kommentare ablenken. Wir werden das Hindernis so lange belagern, bis wir es überwunden haben. Widerstand ist zwecklos.

Vor Vicksburg lernte Grant zweierlei. Erstens, dass Ausdauer und Hartnäckigkeit unglaubliche Stärken und vermutlich seine wichtigsten Führungsqualitäten waren. Und zweitens, wie dies oft bei derartiger Ausdauer vorkommt, dass man nach Ausschöpfung aller herkömmlichen Möglichkeiten gezwungen ist, etwas ganz Neues zu versuchen. Er wagte ein Experiment, indem er sich selbst vom Nachschub abschnitt und zwang, sich im eroberten Gebiet selbst zu versorgen – eine Strategie, die die Nordstaaten bis dahin nicht erprobt hatten, und die sie nun anwendeten, um den Süden materiell und moralisch auszubluten.

Mit seiner Hartnäckigkeit hatte Grant nicht nur einen Durchbruch geschafft. Nachdem er alle herkömmlichen Möglichkeiten als untauglich verworfen hatte, entdeckte er einen ganz neuen Weg, und dieser sollte schließlich den Krieg entscheiden.

Grants Geschichte ist nicht die Ausnahme, sondern die Regel. Genau so funktioniert Innovation.

Thomas Alva Edison war nicht der Einzige, der Ende der 1870er mit künstlichem Licht experimentierte. Aber er war der Einzige, der bereit war, sechstausend verschiedene Glühfäden durchzuprobieren (darunter einen aus dem Barthaar eines Mitarbeiters), bis er schließlich den fand, der am besten funktionierte.

Und natürlich entdeckte er schließlich den richtigen Glühfaden, und bewies damit einmal mehr, dass Genie oft nichts anderes ist als Hartnäckigkeit. Indem er seine gesamte körperliche und geistige Energie auf dieses Projekt verwendete und nicht locker ließ, überlebte er ungeduldige Konkurrenten, Investoren und die Presse, um schließlich ausgerechnet in einem Stück Bambus den Stoff zu entdecken, der das Licht in die Welt brachte.

Nikola Tesla, der während der Entwicklung der Glühbirne ein frustrierendes Jahr lang in Edisons Labor gearbeitet hatte, lästerte einmal: Wenn Edison eine Nadel im Heuhaufen finden müsse, dann würde er sofort anfangen und einen Halm nach dem anderen umdrehen, bis er das Gesuchte gefunden hat. Aber vielleicht ist das ja manchmal die einzig richtige Methode.

Wenn wir gegen unsere Hindernisse anrennen, kann es nützlich sein, Grant und Edison vor Augen zu haben: Grant mit der Zigarre zwischen den Zähnen, Edison tagelang über seinen Labortisch gebeugt. In ihrer Unermüdlichkeit verkörpern sie die kühle Hartnäckigkeit, die der englische Dichter Alfred Tennyson in seinem Gedicht über Odysseus besang: »zu streben, suchen, finden und nicht weichen«. Beide dachten gar nicht daran aufzugeben. Eine Möglichkeit nach der anderen spielten sie im Kopf durch, jede probierten sie mit demselben Elan aus. In der unerschütterlichen Gewissheit, dass irgendwann eine den Erfolg bringen *musste*. Sie waren dankbar dafür, dass Sie eine Variante nach der anderen ausprobieren konnten, und dankbar für das Wissen, das sie damit erwarben.

Das Hindernis auf Ihrem Weg wird nicht von allein verschwinden. Sie können es nicht einfach wegzaubern oder mit meinem Geistesblitz verschwinden lassen. Sie müssen ihm in die Augen sehen. Und wenn die Leute um Sie herum ihre unvermeidlichen Zweifel und Entschuldigungen anstimmen, dann antworten Sie mit Margaret Thatcher: »Kehrt um, wenn Ihr wollt. Diese Dame kehrt nicht um.«

Viel zu viele Menschen glauben, dass Erfolge wie der von Grant oder Edison das Ergebnis göttlicher Eingebung sind. Dass sie ihre Aufgabe mit purer Genialität gelöst haben. In Wirklichkeit waren sie das Produkt geduldiger Arbeit, sie gingen das Problem von allen erdenklichen Seiten an, probierten und verwarfen eine vielversprechende Lösung nach der anderen, bis sie irgendwann die richtige Antwort gefunden hatten. Ihre Genialität bestand darin, dass sie sich ihrem Ziel verschrieben, sich nicht von Zweifeln abbringen ließen und hartnäckig weitermachten.

Was soll's, wenn diese Methode nicht so »wissenschaftlich« und »sauber« ist wie andere? Sie funktioniert, und das ist das Einzige, was zählt.

Hartnäckigkeit funktioniert. So einfach ist das. (Auch wenn es viel Einsatz verlangt.)

In den meisten Dingen, die wir im Leben angehen, ist Erfahrung kein Thema. In aller Regel reichen unser Wissen und Können völlig aus. Aber haben wir die Geduld, um eine Idee Wirklichkeit werden zu lassen? Die Energie, so lange Klinken zu putzen, bis wir genug Unterstützer und Geldgeber gefunden haben? Die Hartnäckigkeit, unsere Vorstellungen durch ein träges Team zu boxen?

Wenn Sie sich erst einmal daran gemacht haben, ein Hindernis aus dem Weg zu räumen, ist Aufgeben keine

Option mehr. Denken Sie nicht einmal daran. Können Sie Ihren Weg verlassen und einen anderen einschlagen, der mehr verspricht? Natürlich, denn das hat ja nichts mit Aufgeben zu tun. Aber wenn Sie auch nur an Aufgeben denken, dann können Sie gleich das Handtuch werfen. Dann ist es aus.

Sehen Sie sich diese Einstellung an:

- nie hastig
- nie besorgt
- nie zweifelnd
- nie verzweifelt

Epiktet hat seine ganze philosophische Lehre einmal so zusammengefasst: »Beharren und standhalten.« Beharren Sie in Ihren Anstrengungen. Halten Sie Ablenkungen, Zweifeln und Verwirrung stand.

Es gibt keinen Grund zur Sorge oder Hast. Keinen Grund zu Zweifel oder Verzweiflung. Sie bleiben dran. Sie lassen sich nicht auszählen. Das ist ein Marathonlauf, keine Kurzstrecke.

Denn wenn es Ihnen darum geht, ans Ziel zu kommen, müssen Sie sich keine Sorgen um die Uhr machen. Sie laufen immer weiter, bis Sie angekommen sind, und jede Sekunde ist dazu da, um von Ihnen genutzt zu werden. Zwischenzeitliche Rückschläge können Sie nicht entmutigen. Es sind nur ein paar holprige Abschnitte auf einem langen Weg, den Sie bis zum Ende laufen.

Wer neue Wege geht, stößt immer auf Hindernisse. Der Pfad ist noch nicht ausgetreten. Nur wenn wir Geduld und Zeit aufbringen, können wir die Steine aus dem

Weg räumen. Nur wenn wir gegen Hindernisse angehen, vor denen andere umgekehrt sind, können wir Neuland betreten. Nur wenn wir beharren und standhalten, können wir lernen, wofür andere keine Geduld hatten.

Es ist in Ordnung, den Mut zu verlieren. Aber Aufgeben ist nicht in Ordnung. Hartnäckigkeit heißt, im Moment der Mutlosigkeit die Füße in den Boden zu rammen und uns Zentimeter um Zentimeter voranzukämpfen, bis Sie die Festung eingenommen haben, die Sie belagern.

Edison erklärte einmal, wie er zu seinen Erfindungen kam: »Am Anfang steht eine Eingebung, ein Geistesblitz. Dann fangen die Schwierigkeiten an.« Was Edison von anderen Erfindern unterschied, war seine Bereitschaft, diese Schwierigkeiten zu überwinden, und der unermüdliche Einsatz, mit dem er sich an die Arbeit machte.

Mit anderen Worten: Natürlich ist es schwer. Natürlich schlagen Ihre ersten Versuche fehl. Natürlich wird es Ihnen viel abverlangen – aber Energie lässt sich immer beschaffen. Es ist eine erneuerbare Ressource.

Warten Sie nicht auf die Eingebung, suchen Sie nach Angriffspunkten. Warten Sie nicht auf Wunder, suchen Sie nach Hebeln. Es gibt immer Möglichkeiten. Stellen Sie sich auf einen Marathon ein und probieren Sie alles aus – und Sie werden ankommen.

Wenn Sie jemand fragt, wo Sie stehen, wie es läuft, wie sich diese »Situation« entwickelt, dann lautet die Antwort: Wir arbeiten dran. Wir kommen der Lösung näher. Und wenn wir Rückschläge erleben, dann verdoppeln wir unsere Anstrengungen.

NEHMEN SIE IMMER NEUE ANLÄUFE

> Was ist eine Niederlage? Nichts als ein Lernprozess und der erste Schritt auf dem Weg zu etwas Besserem.
>
> – Wendell Phillips

Die Start-ups von Silicon Valley beginnen nicht als fertige Unternehmen. Sie beginnen mit einem »Minimum Viable Product«, der einfachsten Version ihrer Idee mit nur ein oder zwei Grundeigenschaften.

Sie wollen zunächst einmal sehen, wie die Kunden reagieren. Wenn die Reaktion verhalten bleibt, können sie schnell und billig scheitern. Sie müssen nicht mit viel Geld ein Produkt herstellen, das keiner will.

Ingenieure witzeln deshalb, das Scheitern sei eingebaut.

Aber das ist kein Witz. Scheitern kann tatsächlich nützlich sein, wenn Sie versuchen, etwas Neues zu schaffen, etwas Bestehendes zu verbessern oder zu lernen. Es geht fast jedem Erfolg voran. Es ist keine Schande, einen Fehler zu machen oder den Kurs zu ändern. Damit eröffnen wir uns neue Möglichkeiten. Probleme werden zu Chancen.

Früher versuchten Unternehmen, mit Hilfe der Marktforschung die Bedürfnisse des Marktes zu erraten und die Produkte in einem Labor herzustellen, ohne jede

Rückmeldung von ihren potenziellen Kunden. Sie hatten Angst zu scheitern und waren genau deshalb besonders anfällig dafür. Wenn ein teures Produkt zum Flop wird, dann war der ganze Aufwand umsonst. Und wenn es erfolgreich ist, weiß keiner warum. Das »Minimalprodukt« bezieht dagegen Rückmeldung und Scheitern mit ein. Das Produkt wird stärker, wenn es scheitert, wenn die Entwickler unverkäufliche Eigenschaften streichen und mit ihren begrenzten Ressourcen diejenigen Aspekte verbessern, für die sich die Kunden tatsächlich interessieren.

In einer Welt, in der wir zunehmend für uns selbst arbeiten und auf uns selbst gestellt sind, ist es sinnvoll, uns als Start-ups zu begreifen – ein Ein-Personen-Start-up.

Und das bedeutet, dass wir ein anderes Verhältnis zum Scheitern brauchen. Es bedeutet, neue Anläufe zu nehmen, zu scheitern und besser zu werden. Ob es uns gelingt, es wieder und wieder zu versuchen, hängt ganz davon ab, ob wir es ertragen, wieder und wieder zu scheitern.

Auf dem Weg zum Erfolg werden wir scheitern – vielleicht sogar oft. Aber das ist in Ordnung. Es kann sogar gut sein. Handeln und Scheitern sind zwei Seiten derselben Medaille. Das eine ist ohne das andere nicht zu haben. Diese Verbindung lässt sich nur auflösen, wenn wir nicht mehr handeln – weil wir das Scheitern falsch verstanden haben.

Wenn Sie scheitern, fragen Sie sich: *Was ist hier schiefgegangen? Was kann ich verbessern? Was habe ich über-*

sehen? Auf diese Weise entdecken Sie neue Möglichkeiten, die oft viel besser sind als Ihre erste Idee. Scheitern stellt Sie vor Hindernisse, die Sie überwinden müssen. Es eröffnet die Möglichkeit zu einem neuen Durchbruch.

Deshalb gehen großen Erfolgen oft spektakuläre Misserfolge voran: Sie zwangen die Erfinder zurück an den Zeichentisch. Der Misserfolg war keine Schande für sie, sondern ein Ansporn. Im Sport brauchen Underdogs manchmal eine knappe Niederlage, um zu verstehen, dass sie mit den vermeintlich übermächtigen Konkurrenten mithalten können. So schmerzhaft die Niederlage sein mag, sie kann auch lehrreich sein, wie Wendell Phillips wusste.

Wenn ein Wissenschaftler eine Hypothese aufstellt und sie sich als falsch herausstellt, ist er nicht verärgert. Denn das ist genau, wie es funktionieren soll! In einem Unternehmen sollten wir das Scheitern nicht persönlich nehmen und verstehen, dass es dazugehört. Wenn sich eine Investition auszahlt oder ein neues Produkt durchsetzt, dann ist das schön. Und wenn nicht, dann ist das auch in Ordnung, denn wir sind ja darauf vorbereitet – wir haben nicht jeden Cent auf diese eine Karte gesetzt. Und wir haben dadurch etwas gelernt.

Große Unternehmer sind

- nie verheiratet mit einem Standpunkt,
- nie in Sorge, dass sie einen Teil Ihrer Investition verlieren,
- nie verbittert oder beschämt,
- nie lange aus dem Rennen.

Sie straucheln manchmal, aber sie bleiben nicht liegen.

Obwohl wir wissen, dass Scheitern sehr lehrreich sein kann – wir haben es schließlich mit eigenen Augen gesehen –, haben wir Angst davor. Wir tun alles, um es zu vermeiden, weil eine Niederlage in unseren Augen eine Schande ist. Wir scheitern unter Jammern und Klagen.

Warum sollte ich scheitern wollen? So was tut doch weh!

Niemand würde das Gegenteil behaupten. Aber eine einkalkulierte Niederlage in einer Schlacht ist noch kein endgültig verlorener Krieg. Wie jede Schule fordert die Schule des Scheiterns ihren Preis. Das Lehrgeld sind Unannehmlichkeiten, Verluste und ein Neuanfang.

Dieses Lehrgeld sollten Sie mit Freuden bezahlen. Es gibt keine bessere Schule für Ihre Karriere, Ihr Buch, Ihr neues Projekt. Es gibt einen Spruch über einen irischen Kapitän, der sämtliche Sandbänke in einer Hafeneinfahrt entdeckte – mit dem Rumpf seines Schiffs. Jeder hat eben seine eigenen Methoden.

Zu Beginn des Zweiten Weltkriegs machten Erwin Rommel und sein Afrikakorps kurzen Prozess mit den britischen und amerikanischen Streitkräften in Nordafrika. In den Offensiven von Kyrenaika, Tobruk und Tunesien erzielten sie einige der erstaunlichsten Siege der Militärgeschichte. Auf den öden Schlachtfeldern der Wüste mit ihren endlosen Entfernungen, den Sandstürmen, der glühenden Hitze und dem Wassermangel brachten sie den Alliierten eine Niederlage nach der anderen bei.

Die Lage schien aussichtslos – doch die Deutschen gaben den Alliierten noch etwas anderes: Lektionen.

Die Alliierten hatten dieses ungünstige Terrain tatsächlich mit Absicht ausgewählt. Churchill wusste, dass sie den Kampf gegen die Deutschen irgendwo beginnen mussten – aber wenn sie das in Europa getan und verloren hätten, dann wäre dies fatal für die Moral gewesen.

In Nordafrika lernten die Briten und Amerikaner, den Krieg gegen die Deutschen zu führen – und zu Beginn lernten sie vor allem aus ihren Niederlagen. Doch das war hinnehmbar, denn sie hatten die Lernkurve einkalkuliert. Sie konnten mit den verlorenen Schlachten leben, weil sie wie Grant und Edison wussten, was sie bedeuten: einen künftigen Sieg. Daher waren die alliierten Truppen, die den Deutschen in Italien gegenüberstanden, deutlich besser vorbereitet als die in Nordafrika, und die Truppen, die in Nordfrankreich landeten, waren noch besser.

Eine Niederlage wird nur dann zur Katastrophe, wenn wir nichts daraus lernen. Wenn wir stur weitermachen wie zuvor. Viele Menschen scheitern dauernd im Kleinen. Aber sie lernen nichts daraus. Sie hören nicht zu. Sie sehen die Schwächen nicht, die ihr Scheitern aufzeigt. Das Scheitern hilft ihnen nicht, besser zu werden.

In ihrer Dickköpfigkeit und Veränderungsresistenz erkennen diese Menschen nicht, dass die Welt keine Zeit hat, sie zu bitten und zu betteln, bis sie ihre Fehler einsehen. Halsstarrig, wie sie sind, tragen sie zu schwere Rüstungen und zu viel Ego, um gut scheitern zu können.

Sie müssen verstehen, dass die Welt Ihnen mit jedem Scheitern etwas mitteilt. Sie gibt Ihnen Rückmeldung und genaue Anweisungen, was Sie tun müssen, um besser zu werden. Sie will Sie aus Ihrer Ahnungslosigkeit herausholen. Sie versucht, Ihnen etwas mitzuteilen. *Hören Sie zu.*

Es lernt sich schwer, wenn man nicht zuhört. Sperren Sie die Ohren auf. Sorgen Sie dafür, dass Sie morgen, wie der Dichter Longfellow sagte, weiter sind als heute. Weiter weg. Besser dran. Klüger. Fähiger. Das ist der Weg.

Nur wenn Sie die Welt so begreifen, können Sie Ihre Hindernisse überwinden. Nur so können Sie Enttäuschungen in Chancen verwandeln. Das Scheitern zeigt Ihnen den Weg – indem es Ihnen zeigt, was *nicht* der Weg ist.

GEHEN SIE SCHRITT FÜR SCHRITT

Kein Mensch stolpert den ganzen Weg
bis zum Gipfel des Mount Fuji.
Gehe zielstrebig vorwärts,
die Kiesel auf dem Weg beiseite fegend.

– Awa Kenzo

Football-Trainer Nick Saban benutzt das Wort nicht besonders häufig, doch jeder seiner Assistenten und Spieler hat es sich hinter die Ohren geschrieben. Sie sagen es für ihn, brennen es sich ins Gehirn und erinnern sich in jedem Moment daran, denn diesem Wort verdanken sie ihren beispiellosen Erfolg: Es ist das Wort »Prozess«.

Saban, Cheftrainer des Football-Teams der University of Alabama – vielleicht der erfolgreichsten College-Mannschaft aller Zeiten –, schaut auf andere Dinge als seine Trainerkollegen, und vor allem macht er sie anders. Er lehrt den Prozess.

Denkt nicht an den Pokal. Denkt nicht an die Meisterschaft. Denkt daran, was ihr für diese Übung braucht, für diesen Spielzug, in diesem Moment. Das ist der Prozess: Denkt daran, was ihr heute tun könnt, an eure momentane Aufgabe.

Im Sport ist es wie im Leben: Der Prozess eröffnet uns einen Weg.

Er hilft uns zu sagen: *Gut, du hast etwas Schwieriges zu tun. Aber mach dir darüber keine Gedanken. Brich es stattdessen runter. Tu einfach das, was hier und jetzt ansteht. Und mach es gut. Dann geh zum nächsten. Folge dem Prozess und nicht dem Pokal.*

Der Weg zur Meisterschaft ist genau das: ein Weg. Und diesen Weg geht man Schritt für Schritt. Das gilt auch, wenn ein Team neu strukturiert werden muss. Oder für eine Saison die schlecht anfängt und ein spektakuläres Comeback nötig macht. Können erwirbt man mit Geduld: Erst lernt man das eine, dann das andere. Genau das ist Sabans Prozess: Man bleibt im Hier und Jetzt, geht einen Schritt nach dem anderen und lässt sich nicht ablenken. Nicht vom Gegner, nicht vom Spielstand, nicht vom Publikum.

Beim Prozess geht es darum, Dinge zu Ende zu bringen: Spiele, Trainingseinheiten, Spielzüge, Zirkel, Würfe, Blocks. Es geht darum, die kleinste Aufgabe, die Sie in diesem Moment vor sich haben, zu Ende zu bringen, und zwar gut.

Irgendwann ließ Saban Hunderttausende Spielzüge im College Football auswerten. Ein durchschnittlicher Spielzug dauert sieben Sekunden. Konzentrier dich diese sieben Sekunden lang voll auf deine Aufgabe, sagte Saban, dann konzentrier dich auf die nächsten sieben Sekunden. Das ist der Prozess.

Egal, ob Sie großen Erfolgen nachjagen oder ob es einfach nur darum geht, eine lästige Aufgabe zu erledigen – dieser Ansatz funktioniert immer. Denken Sie nicht an das Ende, sondern denken Sie nur daran, es durchzustehen. Bis zur nächsten Mahlzeit durchzuhalten, bis zur nächsten Pause, zum nächsten Break, zum nächsten Kontrollpunkt, zum nächsten Monatsersten, einen Tag nach dem anderen.

Und wenn Sie das richtig angehen, wird selbst die schwierigste Aufgabe machbar. Denn der Prozess entspannt. Er hält die Panik in Schach. Selbst Mammutaufgaben werden zu einer Abfolge von Schritten.

Das lernte James Pollard Espy, ein Meteorologe des 19. Jahrhunderts, als junger Mann durch eine zufällige Begegnung. Espy, der weder lesen noch schreiben gelernt hatte, hörte als Achtzehnjähriger einen mitreißenden Vortrag des großen Redners Henry Clay. Danach bahnte er sich einen Weg durch die Menge, doch als er vor Clay stand, bekam er den Mund nicht auf. Einer seiner Freunde rief für ihn: »Er will so sein wie Sie, obwohl er nicht lesen und schreiben kann.«

Clay schnappte sich eines seiner Plakate, auf dem in großen Lettern sein Name stand. Er sah Espy an, zeigte auf einen Buchstaben und sagte: »Siehst du das, mein Junge? Das ist ein A. Jetzt musst du nur noch 25 Buchstaben lernen.«

Damit hatte Espy das Geschenk des Prozesses erhalten. Ein Jahr später besuchte er die Universität.

»Wohlbefinden wird durch kleine Schritte erreicht«, sagte Zeno, der Begründer des Stoizismus, einmal, »aber es ist wirklich keine kleine Sache.«

Wir müssen uns nicht abzappeln, wie wir dies so gern tun, wenn wir eine knifflige Aufgabe vor uns haben. Erinnern Sie sich noch an das erste Mal, als Sie eine komplizierte algebraische Gleichung lösen mussten? Die Symbole und Unbekannten verschwammen Ihnen vor den Augen. Aber dann haben Sie kurz Luft geholt und sich an die Arbeit gemacht. Sie fassten die Seiten zusammen, lösten die Gleichung nach einer Unbekannten auf, setzten Bekanntes ein, und am Ende hatten Sie die Antwort.

Das können Sie auch jetzt tun, egal, welches Hindernis sich Ihnen in den Weg stellt. Atmen Sie tief durch, erledigen Sie den unmittelbar anstehenden Teil und nehmen Sie sich dann den nächsten vor. Schön der Reihe nach, eins nach dem anderen.

Wenn es ans Handeln geht, sind Unordnung und Ablenkung der Tod. Ein wirrer Kopf verliert selbst das aus dem Blick, was er direkt vor Augen hat – das Entscheidende –, und lässt sich von Gedanken an die Zukunft ablenken. Der Prozess bringt Ordnung in die Sache, er diszipliniert unsere Wahrnehmung und organisiert unser Handeln.

Das mag offensichtlich klingen, aber wenn es darauf ankommt, vergessen wir es meist.

Wenn jemand Sie in diesem Moment zu Boden schlagen und sich auf Sie setzen würde – wie würden Sie reagieren? Vermutlich mit Panik. Dann würden Sie mit aller Kraft gegen ihn andrücken, um ihn abzuschütteln. Aber es hilft nichts: Allein mit seinem Körpergewicht kann er Sie mühelos in Schach halten, und wenn Sie dagegen ankämpfen, werden Ihnen schnell die Kräfte ausgehen.

Das ist das Gegenteil des Prozesses.

Aber es gibt eine viel einfachere Möglichkeit, ihn abzuschütteln. Als Allerallererstes verfallen Sie nicht in Panik, sondern sparen sich Ihre Energie. Sie geraten nicht durch gedankenloses Zappeln außer Atem. Stattdessen konzentrieren Sie sich zunächst darauf, Schlimmeres zu verhindern. Sie befreien Ihre Arme, stützen sich ab und verschaffen sich ein bisschen Platz zum Atmen. Dann bemühen Sie sich, auf die Seite zu rollen. Aus dieser Position können Sie versuchen, seinen Griff zu lockern: Sie packen einen Arm oder ein Bein, winden die Hüfte, bringen ein Knie nach oben und hebeln sich frei.

Es wird einige Zeit dauern, aber irgendwann haben Sie sich befreit. Mit jedem Schritt bin ich gezwungen, Ihnen ein bisschen mehr Spielraum zu geben, bis Sie schließlich frei sind – dank des Prozesses.

Gefangen zu sein ist kein Schicksal, sondern nur eine Position. Aus dieser können Sie sich befreien, indem Sie sie jeden Aspekt mit kleinen, zielgerichteten Handlungen beseitigen – und nicht, indem Sie (erfolglos) versuchen, sie mit einer übermenschlichen Anstrengung auf einmal zu sprengen.

Im Konkurrenzkampf mit anderen Unternehmen zermartern wir uns oft das Gehirn auf der Suche nach dem einen revolutionären neuen Produkt, das alle Mitbewerber aus dem Feld schlägt. Dabei verlieren wir das Naheliegende aus dem Blick. Wir schrecken davor zurück, unseren Traum zu verwirklichen und ein Buch zu schreiben oder einen Film zu drehen, weil es so viel Arbeit ist – wir können uns einfach nicht vorstellen, wie wir von hier nach da kommen sollen.

Wie oft machen wir Kompromisse oder knicken ein, weil wir das Gefühl haben, dass die richtige Lösung zu ehrgeizig oder unerreichbar ist? Wie oft nehmen wir an, dass Veränderungen unmöglich sind, weil sie zu umfangreich sind? Weil zu viele Gruppen beteiligt sind? Wie viele Menschen lassen sich von ihren vielen Ideen und Geistesblitzen entmutigen? Sie laufen allen gleichzeitig nach und erreichen gar nichts, sie werden abgelenkt und kommen nicht voran. Sie sind genial, aber sie setzen ihre Ideen nicht um. Und sie kommen nur selten an ihr Ziel.

Aber diese Probleme lassen sich lösen. Jedes Problem lässt sich im Prozess zerlegen. Wir nehmen fälschlicherweise an, dass alles sofort und auf einmal passieren muss, und deshalb geben wir auf, wenn wir nur daran denken. Wir sind A-bis-Z-Denker, wir schlagen uns mit A herum, machen uns Sorgen um Z – und vergessen darüber alle anderen Buchstaben von B bis Y.

Wir brauchen Ziele, damit unser Handeln Sinn und Zweck hat. Wenn wir wissen, wohin wir wollen, erscheinen uns die Hindernisse auf dem Weg kleiner und überschaubarer. Wenn nicht, scheint uns jedes Hindernis unüberwindlicher. Ziele helfen, Stolpersteine ins rechte Licht zu rücken.

Wenn wir uns ablenken lassen, wenn wir uns um andere Dinge kümmern als um unsere Anstrengungen und unseren Fortschritt, dann ist der Prozess eine nützliche und manchmal etwas diktatorische Stimme im Kopf. Es ist die scharfe Anweisung des klugen Trainers, der Selbstbewusstsein ausstrahlt und genau weiß, was zu tun ist. Es ist die Stimme des unerschütterlichen, hellwachen

Ulysses S. Grant während der Schlacht in der Wildnis, als er sich mit einer Gruppe von Generälen zusammensetzte, die mehrfach von Robert E. Lee übertölpelt und besiegt worden waren und eine neuerliche Demütigung fürchteten. »Ich habe es so satt, mir anzuhören, was Lee tun wird«, sagte Grant gelassen, während um sie her die Schlacht tobte. »Viele von Ihnen glauben offenbar, dass er plötzlich einen doppelten Salto schlägt und gleichzeitig in Ihrem Rücken und an Ihren Flanken auftaucht. Gehen Sie zurück zu Ihren Stellungen und überlegen Sie, was Sie selbst tun werden, und nicht, was Lee tun wird.«

Der Prozess ist die Stimme, die von uns verlangt, Verantwortung zu übernehmen und die Dinge anzupacken. Die uns veranlasst, etwas zu tun, und sei es noch so wenig. Dass wir das tun, was wir vor uns haben … und danach das, was danach kommt.

Der Prozess ist die Stimme, die von uns verlangt, Verantwortung zu übernehmen und uns eine Sache ganz zu eigen zu machen. Die uns zum Handeln antreibt, und sei es nur im Kleinen.

Wie eine unermüdliche Maschine, die alle Widerstände ausschaltet, einen nach dem anderen. Die Schritt für Schritt voranmarschiert. Stellen Sie Ihre Energie ganz in den Dienst des Prozesses. Ersetzen Sie Angst durch den Prozess. Verlassen Sie sich darauf. Stützen Sie sich darauf. Vertrauen Sie darauf.

Nehmen Sie sich Zeit, überstürzen Sie nichts. Manche Probleme sind größer als andere. Nehmen Sie sich als Erstes diejenigen vor, die Sie direkt vor der Nase haben.

Erledigen Sie die anderen später. Der Moment kommt schon noch.

Im Prozess geht es darum, die richtigen Dinge zu tun, und zwar jetzt. Und sich keine Gedanken um die Zukunft, das Ergebnis und das große Ganze zu machen.

MACHEN SIE IHRE ARBEIT, UND MACHEN SIE SIE GUT

Was gut getan ist,
wie bescheiden auch immer,
das ist recht getan.

– Sir Henry Royce

Auf dem Höhepunkt seiner politischen Laufbahn erinnerte sich der amerikanische Präsident Andrew Jackson (1767–1845) gern voller Stolz an seine bescheidenen Anfänge als Schneider. »Meine Kleider sind nie zerrissen oder zerschlissen«, verkündete er.

Während einer Wahlkampfveranstaltung versuchte ihn ein Zwischenrufer in Verlegenheit bringen, indem er seine Herkunft aus der Unterschicht zur Sprache brachte. Selbstbewusst rief Jackson zurück: »Das kann mich gar nicht belasten. Als Schneider hatte ich den Ruf, gut zu sein, passend zu schneidern, pünktlich zu liefern und immer gute Arbeit zu machen.«

Der spätere Präsident James Garfield (1831–1881) bezahlte seine Studiengebühren, indem er an seiner Universität als Hausmeister arbeitete. Tag für Tag ging er lächelnd und ohne eine Spur von Scham seiner Arbeit nach. Jeden Morgen läutete er die Glocke im Turm der Universität – sein Tag hatte bereits viel früher begonnen – und lief dann voller Lerneifer in den Hörsaal.

Ein Jahr später erhielt er eine Stelle als Lehrkraft und musste neben seinen eigenen Studien Vorlesungen halten. Mit 26 Jahren war er Dekan.

Das passiert, wenn Sie Ihre Arbeit tun – was immer es sein mag – und wenn Sie sie gut tun.

Aus bescheidenen Verhältnissen stiegen diese Männer zur Macht auf, weil sie das taten, was man von ihnen erwartete – und weil sie es richtig und mit Stolz taten. Weil sie es besser machten als alle anderen. Genauer gesagt, weil sie etwas gut machten, das niemand anders machen wollte.

Manchmal müssen wir auf dem Weg zu unserem Ziel Dinge tun, die wir vielleicht lieber nicht tun würden. Zu Beginn unserer Laufbahn machen wir oft »Bekanntschaft mit dem Besen«, wie Andrew Carnegie es ausdrückte. Aber Fegen ist keine Schande. Es ist eine weitere Möglichkeit, sich hervorzutun und zu lernen.

Aber Sie – Sie denken wahrscheinlich zu fleißig an Ihre Zukunft, um stolz auf die Aufgaben zu sein, die man Ihnen hier und jetzt aufgetragen hat. Sie erledigen das alles irgendwie, warten auf die Gehaltszahlung am Monatsende und träumen von einer besseren Stelle. Oder Sie denken, *Das ist nur ein Job, das bin nicht ich, das zählt nicht.*

Aber natürlich zählt es!

Was nicht zählt, ist das, was andere Menschen denken. Alles andere zählt sehr wohl – ob Sie in einem Café arbeiten, um Geld zu sparen, oder ob Sie für Ihre Abschlussprüfung lernen. Wie wir im größten Spiel unseres

Lebens den abschließenden Punkt machen, was wir an unserem letzten Tag im Büro tun, wie wir nach einer Besprechung den Stuhl zurückstellen, wie wir eine kurze Ansprache vorbereiten – das alles sind Gelegenheiten, unser Bestes zu geben. Nur arrogante Bolzen glauben, sie seien zu gut für das, was ihre aktuelle Situation verlangt.

Egal, wo wir sind, was wir tun und wohin wir wollen: Wir sind es uns selbst, unserer Kunst und der Welt schuldig, unsere Aufgabe gut zu machen. Das ist unsere oberste Pflicht. Wenn unsere erste Priorität Handeln ist, dann ist für Eitelkeit kein Platz.

Maler stehen im Laufe eines Lebens vor vielen Leinwänden und bekommen viele Aufträge, aber das Entscheidende ist, dass sie jeden einzelnen als vordringlich behandeln. Egal, ob er besonders viel Ruhm oder Geld einbringt. Jedes Projekt ist gleich wichtig, und es wird nur dann beschämend, wenn sie weniger geben, als sie können.

Das gilt für uns alle. Wir werden im Laufe unseres Lebens viele Dinge tun. Einige davon bringen Anerkennung, andere nur Arbeit, aber keines ist nicht gut genug für uns. Egal, was ansteht, wir handeln

- engagiert,
- aufrichtig,
- selbstlos.

Nie sollten Sie sich fragen müssen: *Was soll ich jetzt tun?* Weil Sie die Antwort kennen: Ihre Arbeit – so gut, sie es können.

Es ist egal, ob es jemand wahrnimmt, ob Sie Geld dafür bekommen, oder ob das Projekt von Erfolg gekrönt ist. Wir können und sollten immer nach diesen drei Kriterien handeln – egal, vor welchem Hindernis wir stehen.

Kein Hindernis kann uns je daran hindern, unsere Pflicht zu tun. Die Herausforderung wird größer oder kleiner, aber nicht unmöglich. Jede Aufgabe verlangt unser Bestes. Ob wir einen Bankrott abwenden und mit zornigen Kunden verhandeln müssen, oder ob wir das große Geld verdienen und entscheiden müssen, wie wir weiter wachsen wollen – wenn wir unser Bestes geben, können wir hinter unseren Entscheidungen stehen und uns sicher sein, dass sie richtig sind. Weil wir unsere Arbeit getan haben – was immer das sein mag.

Ja, ja, schon gut.

»Pflicht« klingt verstaubt und einengend. Heute wollen wir immer nur das tun, auf das wir Lust haben.

Aber Pflicht ist schön, sie inspiriert und verleiht Kräfte.

Steve Jobs legte sogar auf das Innere seiner Produkte großen Wert und ließ sie ansprechend gestalten, auch wenn die Nutzer sie nie zu Gesicht bekamen. Von seinem Vater (einem Schreiner, der selbst die Rückwände seiner Schränke strich, obwohl sie an der Wand standen) lernte er, wie ein Handwerker zu denken. In jeder Designfrage wusste Jobs immer, was er zu tun hatte: Respektiere dein Handwerk und mache etwas Schönes.

Die *Selbstbetrachtungen* von Marc Aurel sind wunderschön geschrieben. Jeder Satz, jede Metapher scheint perfekt zu sein, und das auf Griechisch – der Sprache der Philosophie und nicht Marcs Muttersprache. Er hat enorme Mühe auf sich genommen, und das ist umso bemerkenswerter, als der Text nur für ihn selbst bestimmt war. Es war ein privates Buch, das nie veröffentlicht werden sollte!

Natürlich ist jede Situation anders. Wir erfinden zwar nicht das nächste iPad oder iPhone, aber wir machen etwas für jemanden, und wenn es nur für unseren Lebenslauf ist. Jeden Aspekt der Arbeit – vor allem die Dinge, die keiner sieht, die kniffligen Aufgaben, die wir lieber vermeiden oder von denen wir uns gern ablenken lassen – können wir so angehen wie Jobs und Marc: mit Stolz und Einsatz.

Der Psychologe Viktor Frankl, der drei Konzentrationslager überlebte, fand die Frage »Was ist der Sinn des Lebens?« anmaßend. Als ob jemand diese Frage für Sie beantworten könnte. Es ist vielmehr umgekehrt so, dass die Welt *Ihnen* diese Frage stellt. Und es ist an Ihnen, sie mit Ihrem Handeln zu beantworten.

In jeder Situation legt uns das Leben eine Frage vor, und unser Handeln ist die Antwort. Wenn wir Dinge ernsthaft und gewissenhaft tun, wenn wir sie gut machen, dann sagen wir damit: Das ist wichtig. Ich bin wichtig. Das Leben hat einen Sinn. Es ist ein Weg, jedes Hindernis in eine Chance zu verwandeln. Es ist eine Chance, in einer schwierigen Situation großartige Arbeit zu leisten.

Wenn Ihnen dies wie eine Last erscheint, dann sehen Sie die Sache von der falschen Seite.

Denn wir müssen nur diese drei kleinen Pflichten erfüllen – engagiert und aufrichtig handeln, für uns und für andere. Das ist alles, was von uns verlangt wird. Nicht mehr und nicht weniger.

Sicher ist auch das Ziel wichtig. Aber vergessen Sie nie, dass auch jeder einzelne Moment zählt – jeder Augenblick ist ein Schnappschuss des Ganzen. Das Ganze ist ungewiss, nur die einzelnen Momente sind gewiss.

Wie Sie eine Sache angehen, gehen Sie alle an.

Wir können immer richtig handeln.

TUN SIE DAS, WAS FUNKTIONIERT

> Eine bittere Gurke? Wirf sie weg!
> Dornensträucher im Weg? Weiche ihnen aus!
> Das ist alles. Frage nicht noch: Wozu gibt es solche Dinge in der Welt?
>
> – Marc Aurel

Im Jahr 1915 spitzte sich in den Urwäldern Mittelamerikas der Konflikt zwischen zwei rivalisierenden US-amerikanischen Obstanbau-Unternehmen zu. Jedes wollte unbedingt eine zweitausend Hektar große Plantage in seinen Besitz bekommen.

Das Problem war, dass gleich zwei Männer behaupteten, die rechtmäßigen Eigentümer des Landes zu sein. Die Plantage lag im Niemandsland zwischen Honduras und Guatemala, und keines der beiden Unternehmen wusste, welcher der beiden Männer wirklich der Eigentümer war und von wem sie das Land kaufen konnten.

Die Reaktion der beiden Unternehmen spiegelte ihr jeweiliges Selbstverständnis wider. Eins der beiden war groß und mächtig, das andere gewieft und listig. Eins gehörte zu einem der mächtigsten Konzerne der Vereinigten Staaten: der United Fruit Company. Das andere war ein kleiner Aufsteiger, der einem gewissen Samuel Zemurray gehörte.

Um das Problem zu lösen, heuerte United Fruit renommierte Anwälte an. Die drehten jedes Stück Papier in beiden Ländern um und waren bereit, jede Summe zu bezahlen, um zu gewinnen. Geld, Zeit und Mittel waren kein Hindernis.

Vielleicht denken Sie jetzt, dass der kleine Konkurrent Zemurray keine Chance hatte. Bei diesem Spiel konnte er nicht mithalten. Also versuchte er es erst gar nicht. Doch flexibel, geschmeidig und frech traf er sich einfach mit beiden angeblichen Eigentümern und kaufte das Land von beiden. Er bezahlte zweimal, aber damit war das Spiel vorbei. Das Land gehörte ihm. Vergessen Sie die Spielregeln, lösen Sie das Problem.

Das ist der Inbegriff des Pragmatismus. Zerbrechen Sie sich nicht den Kopf über Regeln – machen Sie es einfach richtig. Nur so kommen Sie voran.

Dieser Umgang mit Hindernissen war typisch für Zemurray. Als man ihm die Genehmigung für den Bau einer Brücke verweigerte, die er brauchte (die zuständigen Beamten waren von der Konkurrenz bestochen worden), ließ er kurzerhand zwei Stege bauen, die weit in den Fluss hineinragten. Die beiden verband er mit einem provisorischen Ponton, der sich bei Bedarf in wenigen Stunden auf- und wieder abbauen ließ. Als sich die United Fruit Company beschwerte, erwiderte Zemurray lachend: »Aber das ist doch keine Brücke! Das sind nur ein paar alte Stege!«

Mal machen Sie es so, mal anders. Vergessen Sie die Lösungen aus dem Lehrbuch und passen Sie sie auf die jeweilige Situation an. Hauptsache es funktioniert, das ist das Motto.

Wir verschwenden viel Zeit damit, uns Gedanken zu machen, wie die Dinge sein sollten und was die Regeln verlangen. Wir versuchen, alles perfekt zu machen. Wir sagen uns, dass wir anfangen, wenn die richtigen Bedingungen gegeben sind, oder wenn wir sicher sein können, dass wir uns auf dies oder jenes verlassen können. Aber in Wirklichkeit wäre es besser, mit dem loszulegen, was wir haben, und auf Ergebnisse zu schauen, nicht auf saubere Methoden.

Zemurray verlor nie sein Ziel aus den Augen: Er wollte Bananen über den Fluss bringen. Ob über eine Brücke oder über zwei Stege mit einer Schwimmbrücke in der Mitte, das war ihm egal, Hauptsache seine Fracht kam ans Ziel. Und wenn er auf einer bestimmten Plantage Bananen anbauen wollte, dann ging es nicht darum, den rechtmäßigen Eigentümer zu ermitteln – das Entscheidende war, selbst der rechtmäßige Eigentümer zu werden.

Wie heißt es im brasilianischen Jiu-Jitsu? Es ist egal, wie Sie Ihren Gegner zu Boden bringen, Hauptsache Sie bringen ihn zu Boden. Die Sache ist natürlich ein bisschen komplizierter, denn auch im Jiu-Jitsu gibt es Regeln, genau wie wir im Alltag an Gesetze und Moral gebunden sind. Das vergaß Zemurray mit zunehmendem Alter und Erfolg, und er beschädigte sein Erbe, weil er alle Skrupel ablegte.

Aber wir haben unsere eigene Mission. Auch wir stehen vor der Kluft zwischen Anspruch und Wirklichkeit (die immer katastrophal zu sein scheint). Wir kämpfen in unserem eigenen Dschungel, liegen im Clinch mit unfairen oder antiquierten Regeln, und ringen mit Konkurrenten, die mehr Mittel haben. Wie weit sind Sie bereit zu gehen? Was sind Sie bereit zu tun?

Hören Sie auf zu jammern. Reden Sie nicht um den heißen Brei herum. Geben Sie sich nicht dem Gefühl der Ohnmacht und Angst hin. Sie können nicht nach Hause zu Mami laufen. Wie werden Sie dieses Problem lösen? Wie werden Sie die Regeln umgehen, die Sie behindern?

Vielleicht sind ein bisschen mehr List und Tücke nötig, als Ihnen lieb ist. Manchmal muss man eben eine veraltete Anordnung ignorieren. Manchmal ist es besser, beim Vorgesetzten später um Entschuldigung zu bitten, als vorher um Erlaubnis zu fragen (die man nicht bekommen hätte). Aber wenn Sie ein großes Ziel haben, kommt es nur darauf an, dass Sie es erreichen.

Mit 21 Jahren war Richard Wright (1908–1960) noch nicht der weltberühmte Autor, der er später einmal werden sollte. Aber obwohl er als Schwarzer in allen Dingen benachteiligt wurde, wollte er sich von niemandem am Lesen hindern lassen. Stürmte er deshalb in eine weiße Bibliothek und probte den Aufstand? Nein, nicht in den rassistischen Südstaaten. Stattdessen fälschte er ein Schreiben, auf dem stand: »Sehr geehrte Frau Bibliothekarin: Würden Sie bitte diesem armen Nigger erlauben, ein paar Bücher von H. L. Mencken für mich auszuleihen?« (Wer käme schon auf den Gedanken, so etwas über sich selbst zu schreiben?) Dann holte er die Bücher mit einem gestohlenen Bibliotheksausweis ab und tat so, als wären sie für jemand anderen bestimmt.

Wenn viel auf dem Spiel steht, sind Sie eher bereit, fünfe grade sein zu lassen oder etwas Verrücktes zu tun. Denen da oben die Zunge herauszustrecken und zu sagen: »Was? Das ist doch keine Brücke! Ich habe keine Ahnung, wovon Sie sprechen.« Oder Ihren Unterdrückern eine lange Nase zu drehen und ihre widerlichen Regeln auszutricksen.

Pragmatismus hat weniger mit Realismus zu tun als mit Flexibilität. Viele Wege führen von A nach B – es muss nicht der direkteste sein. Es reicht, wenn er Sie an Ihr Ziel bringt. Aber viele von uns verschwenden ihre Zeit mit der Suche nach dem richtigen Weg und versäumen die Gelegenheit direkt vor ihrer Nase.

Wie Deng Xiaoping einmal sagte: »Es ist mir egal, ob die Katze schwarz oder weiß ist. Hauptsache, sie fängt die Mäuse.«

Die Stoiker hatten ihre eigene Mahnung: »Wartet nicht auf Platons Staat.«

Denn der perfekte Moment kommt nie. Machen Sie stattdessen das Beste aus dem, was Sie haben. Was nicht heißt, dass Pragmatismus im Widerspruch zu Idealismus und hehren Zielen steht. Das erste iPhone war revolutionär, aber es wurde ohne Kopierfunktion und einige andere Funktionen ausgeliefert, die Apple gern aufgenommen hätte. Doch der vermeintliche Perfektionist Steve Jobs wusste, dass man irgendwann Kompromisse machen muss. Das Entscheidende war, dass das Gerät fertig wurde und dass es funktionierte.

Denken Sie wie ein radikaler Pragmatiker: Zwar ehrgeizig, aggressiv und Ihren Idealen verpflichtet, aber durch und durch praktisch und am Machbaren orientiert. Sie müssen nicht alles haben, Sie müssen nicht jetzt die Welt revolutionieren, aber Sie müssen ehrgeizig genug sein, um alles zu bekommen, was Sie brauchen. Stecken Sie sich hohe Ziele, aber unterscheiden Sie zwischen Must-have und Nice-to-have.

Zielen Sie auf Fortschritt, nicht auf Perfektion.

Unter dieser Art von Druck geben Hindernisse nach. Es bleibt ihnen gar nichts anderes übrig. Da Sie sie umgehen oder sie unwichtig machen, gibt es nichts mehr, dem sie sich in den Weg stellen können.

LOB DES FLANKENANGRIFFS

> Wenn er's nicht erhofft, wird er das Unverhoffte nicht finden. Denn sonst ist's unerforschlich und unzugänglich.
>
> – Heraklit

Glaubt man den amerikanischen Mythen, dann war George Washington ein mutiger General, der alle überragte und die verhassten britischen Kolonialherren verjagte. Die Wahrheit ist wie immer etwas weniger ruhmreich. Washington war zwar kein Guerrillakämpfer, aber viel fehlte nicht. Außerdem war er gerissen, schwer zu fassen und vermied oft die direkte Auseinandersetzung.

Er hatte eine kleine, schlecht ausgebildete und notdürftig ausgerüstete Armee. Er bevorzugte die Defensive und umging große britische Kontingente. Bei aller Rhetorik waren seine Angriffe meist Nadelstiche gegen einen überlegenen Feind. Er bevorzugte Überfälle und Hinterhalte.

Greift nie an, wo es alle vermuten, schärfte Washington seinen Leuten ein. Greift den Feind nie so an, wie er es erwarten würde, im Gegenteil: »Wo kaum Gefahr vermutet wird, da ist der Feind unvorbereitet, deshalb sind hier die Erfolgsaussichten am besten.« Er hatte ein Händchen dafür, kleinere Scharmützel als große Siege zu verkaufen.

Sein größter »Sieg« war nicht einmal ein direkter Kampf gegen die Briten. Vielmehr setzte Washington, schon fast am Ende seiner Kräfte, am frühen Morgen des 26. Dezembers 1776 über den Delaware und überfiel eine Einheit hessischer Söldner, die vermutlich gerade ihren Rausch ausschliefen.

Im Rückzug war er besser als im Angriff, und er hatte ein Talent dafür, seine Truppen vor drohenden Niederlagen zu retten. Er selbst lief selten in die Falle, und wenn, dann entkam er jedes Mal. Seine Taktik war bestens geeignet, den Feind zu zermürben, aber sonderlich heldenhaft war sie nicht.

Deswegen ist es nicht verwunderlich, dass sein Erbe als Rebellenführer und erster Präsident der Vereinigten Staaten von den Geschichtsschreibern ein wenig aufgehübscht wurde. Und er ist nicht der einzige General, dessen Biographie frisiert wurde.

Filme und Bücher verbreiten gern den Mythos, dass Kriege in der Schlacht zwischen zwei großen Armeen gewonnen werden, die frontal gegeneinander anrennen. Doch so dramatisch dieses Bild ist, so falsch ist es auch.

In einer Untersuchung von rund dreißig Kriegen und mehr als 280 Feldzügen von der Antike bis zur Moderne kam der britische Stratege und Historiker B. H. Liddell Hart zu einem erstaunlichen Ergebnis: In nur sechs von 280 Fällen war der Sieg das Ergebnis eines Frontalangriffs auf die feindlichen Truppen.

In sechs Fällen. Das sind zwei Prozent.

Aber wenn die Entscheidung nicht in der offenen Feldschlacht fällt, wie denn dann?

Auf alle möglichen anderen Weisen. Über die Flanken. Da, wo sie am wenigsten erwartet wird. Mittels Psychologie. Indem man den Feind aus seinen Stellungen lockt. Mit unkonventionellen Lösungen. Mit allem, nur nicht im Frontalangriff.
Wie Hart in seinem Meisterwerk *Strategie* schrieb:

> *Der große Heerführer wird den gefährlichsten indirekten Weg gehen, und wenn nötig durch Berge, Wüsten und Sümpfe ziehen, nur mit einem kleinen Teil seiner Truppen, und selbst unter Verlust jeglichen Kontakts. Das heißt, er würde jede noch so ungünstige Bedingung auf sich nehmen, um nur den Stillstand zu vermeiden, der bei einem Frontalangriff droht.*

Wenn Sie mit Ihrem Latein am Ende sind, wenn Sie mit aller Macht anrennen und wenn andere Ihnen sagen, dass Sie aussehen, als bekämen Sie gleich einen Herzinfarkt … Dann treten Sie einen Schritt zurück und besehen Sie sich das Hindernis von allen Seiten. Suchen Sie einen Hebel. Greifen Sie es von einer unerwarteten Seite an. Tun Sie das, was niemand erwartet. Die Sache, die alle für unmöglich halten. Das, wovor alle anderen Angst haben. Die Sache, die nur Sie tun können.

Was ist Ihre erste Reaktion, wenn Sie auf ein Hindernis treffen? Wollen Sie die Konkurrenz mit viel Geld ausstechen? Mit Leuten diskutieren, um sie von liebgewonnenen Ansichten abzubringen? Wollen Sie das große Tor einrennen? Oder wollen Sie sich nicht lieber einen Hintereingang oder ein Seitenfenster suchen, das vielleicht weit offen steht?

Was immer Sie vorhaben, es wird nicht einfach, wenn es gegen die Gesetze der Physik oder der Logik verstößt. Denken Sie an den Nordstaatengeneral Ulysses Grant, der Vicksburg nicht frontal angriff, sondern an der Stadt vorüberfuhr, um sie zu erobern. Denken Sie an den erfolgreichen Basketballtrainer Phil Jackson und seine berühmte dreieckige Sturmformation, die den Ball von den Verteidigern weg befördert, statt direkt auf sie zuzustürmen.

Wenn wir bei null anfangen und die alteingesessenen Akteure viel Zeit hatten, ihre Verteidigungslinie zu befestigen, dann wird es schwer, sie bei ihren Stärken zu packen. Deshalb ist es klüger, das gar nicht erst zu versuchen, sondern sich stattdessen auf begrenzte Ressourcen anderswo zu konzentrieren.

Wenn großen Meistern eine Tätigkeit scheinbar mühelos von der Hand geht, dann liegt das nicht nur daran, dass sie den Prozess beherrschen. In Wirklichkeit tun sie viel weniger als wir übrigen, die wir keine Übung in der Sache haben. Sie verwenden nur so viel Energie, wie sie benötigen, und vergeuden sie nicht mit sinnlosen Zermürbungstaktiken.

Ein Gegner von Jigoro Kano, dem legendären Begründer des Kampfsports Judo, brachte es auf den Punkt, als er sagte: »Gegen Kano zu kämpfen ist so, als würde man mit einer leeren Jacke kämpfen!«

Das könnten Sie sein.

Zahlenmäßige Unterlegenheit, ein später Start und mangelnde Mittel müssen kein Nachteil sein. Im Gegenteil, sie können ein Geschenk sein. Aus dieser Lage heraus werden wir einen selbstmörderischen Frontalangriff nämlich eher vermeiden. Sie zwingt uns geradezu, kreativ zu sein, andere Wege zu gehen, unser Ego hintanzustellen und alles zu tun, um unsere Feinde nicht ausgerechnet an ihrem stärksten Punkt anzugreifen. Diese Zeichen raten uns, die Sache lieber aus einer anderen Richtung anzugehen.

Andererseits sind Größe, Stärke und Macht oft die Ursachen für fatale Schwächen. Erfolg macht träge und hindert daran, effektive Verfahren zu entwickeln. Menschen oder Unternehmen mit diesen vermeintlichen Vorteilen müssen sich nie mit Prozessen auseinandersetzen, weil sie sich einfach auf ihre Stärke verlassen. Das geht so lange gut, bis es eines Tages eben nicht mehr gut geht. Bis sie auf einen David stoßen, der sie mit ein paar geschickten Manövern austrickst und sich nicht auf den einzigen Kampf einlässt, den sie beherrschen: den Frontalangriff.

Wir sind dieser David, der den Goliath bezwingt. Deshalb versuchen wir es nicht mit roher Gewalt.

Natürlich, wenn man uns angreift, wollen wir instinktiv dagegenhalten. Aber die Kampfsportarten lehren uns, diesem Instinkt nicht nachzugeben. Wir dürfen den Druck nicht erwidern, sondern wir müssen den Gegner noch ziehen, damit er das Gleichgewicht verliert. Dann erst schlagen wir zu.

Die Kunst besteht darin, einen Hintereingang zu entdecken und einen kreativen Raum zu öffnen. Und zwar nicht nur im Krieg, im Unternehmen oder im Verkauf.

Der dänische Philosoph Søren Kierkegaard versuchte selten, seine Leser direkt und kraft seiner Autorität zu überzeugen. Statt zu predigen, verwendete er eine Methode, die er als »indirekte Kommunikation« bezeichnet. Kierkegaard schrieb unter zahlreichen Pseudonymen, und jedes seiner Aliasse verkörperte eine andere Sichtweise. Er behandelte dasselbe Thema mehrmals aus unterschiedlichen Blickwinkeln, um seine Botschaft auf emotionale und dramatische Weise zu vermitteln. Selten sagte er seinen Lesern, »tu dies« oder »denk jenes«. Stattdessen zeigte er ihnen neue Möglichkeiten, die Welt zu sehen und zu verstehen.

Man überzeugt andere Menschen nicht, indem man ihre liebsten Überzeugungen angreift. Es ist viel wirkungsvoller, Gemeinsamkeiten zu suchen und dort den Hebel anzusetzen. Oder eine Alternative zu bieten, die so viele Unterstützer findet, dass die Opposition ihre Sichtweise freiwillig aufgibt und in Ihr Lager wechselt.

Das wirkt nicht immer heldenhaft. Manchmal haben Sie vielleicht das Gefühl, eine Abkürzung zu nehmen oder mit unfairen Mitteln zu kämpfen. Es scheint fast so, als gäbe es eine Art Zwang, jeden Zug des anderen zu erwidern, und Sie haben das Gefühl zu betrügen, wenn Sie einfach das machen, was für Sie am besten funktioniert. Aber sparen Sie sich das schlechte Gewissen.

In Wirklichkeit handeln Sie nämlich wie alle großen Strategen. Sie greifen nicht planlos an, in der Hoffnung, dass es schon irgendwie funktionieren wird. Sie verausgaben sich nicht aus Egoismus und Stolz in sinnlosen Schlachten, sondern suchen den taktischen Vorteil.

Ob Sie es glauben oder nicht, das ist schwieriger. Deshalb funktioniert es ja auch.

Denken Sie daran: Manchmal ist der Umweg der kürzeste Weg zum Ziel.

SPIELEN SIE HINDERNISSE GEGEN SICH SELBST AUS

> Ein weiser Mann kann auch von seinen Feinden Nutzen ziehen.
>
> – Plutarch

Gandhi kämpfte nicht für die Unabhängigkeit Indiens. Das britische Weltreich kämpfte – und verlor.

Das war natürlich Absicht. Gandhis *Satyagraha*-Kampagne und sein gewaltloser Widerstand zeigen, dass Handeln viele Gesichter hat. Es bedeutet nicht immer, frontal oder von der Seite anzugreifen. Es kann auch bedeuten, Position zu beziehen und sich dann nicht vom Fleck zu rühren.

Manche Hindernisse überwindet man nicht, indem man sie angreift, sondern indem man darauf wartet, dass sie angreifen. Statt selbst zu handeln, können Sie die Handlungen anderer gegen sie selbst wenden.

Gandhi war schwach im Vergleich zu den Kräften, die er aus dem Weg räumen wollte, aber er nutzte diese Schwäche, er machte sie noch größer, und er entblößte sich. Zu der mächtigsten Kolonialmacht der Welt sagte er: *Ich gehe ans Meer, um Salz herzustellen, und verstoße damit gegen eure Gesetze.* Damit provozierte er sie: *Was wollt ihr da-*

gegen unternehmen? Ich tue nichts Falsches. Er wusste, dass er die Behörden damit vor ein Dilemma stellte: Sie mussten eine gescheiterte Politik durchsetzen, oder abtreten. So gelang es Gandhi, das mächtige Militär einfach auszuschalten: Sein Einsatz wäre kontraproduktiv gewesen.

Martin Luther King trat in Gandhis Fußstapfen als er seine Anhänger aufforderte, »physischer Macht mit seelischer Kraft« zu begegnen. Mit anderen Worten, sie sollten die Macht des Gegenteils zum Einsatz bringen. Auf Gewalt sollten sie mit Gewaltlosigkeit reagieren, auf Hass mit Liebe – und damit die gegnerische Position als unhaltbar und böse enthüllen.

Das funktioniert. Nichthandeln kann Handeln sein. Damit nutzen wir die Macht anderer, als wäre sie unsere eigene. So lassen wir die anderen – das Hindernis – die Arbeit für uns erledigen.

Fragen Sie nur die Russen, die Napoleon oder Hitler bezwangen – nicht, indem sie ihre Grenzen verteidigten, sondern indem sie ins Landesinnere zurückwichen, den Winter sein Werk tun ließen und den Feind weit von der Heimat zermürbten.

Ist das Handeln? Darauf können Sie wetten.

Vielleicht ist Ihr Feind oder Hindernis wirklich unbesiegbar, so wie für die Inder, Russen oder Schwarzen. Vielleicht können Sie mit Hartnäckigkeit nichts ausrichten und können es sich nicht leisten, aus Erfahrung zu lernen. Kann sein. Aber deswegen müssen Sie noch lange nicht aufgeben.

Das ist der Moment, anzuerkennen, dass sich manche Feinde einfach nicht bezwingen lassen, und wenn Sie sich noch so sehr anstrengen. In diesen Fällen müssen

Sie eine Möglichkeit finden, diesen Widerstand, diese Energie für sich auszunutzen.

Vor der Erfindung des Dampfschiffs fanden Kapitäne auf dem Mississippi eine geniale Methode, um sich die starken Strömungen des Flusses zunutze zu machen. Ein Boot, das flussaufwärts unterwegs war, hielt neben einem Boot, das flussabwärts wollte. Mit einem Tau, das über einen Felsen oder Baum am Ufer gelegt wurde, wurden die beiden Boote aneinandergebunden. Wenn das zweite Boot dann ablegte und den Mississippi hinuntertrieb, zog es das andere gegen den Strom flussaufwärts.

Die Schauspielerin Kate Winslet, die auch ohne Schauspielausbildung sieben Mal für einen Oscar nominiert wurde, verriet einmal ihr Geheimnis. Vor der Kamera frage sie sich: »Was bekomme ich umsonst?« Das heißt, wenn sie müde ist, dann benutzt sie das für die Figur, die sie spielt. Genauso, wenn sie nervös ist, wenn ihr Arm wehtut oder ihre Füße schmerzen. Statt zu denken »Ich kann jetzt nicht, weil …«, nimmt sie das, was sie belastet, und fragt sich: »Was kann ich damit anfangen?«

Statt gegen das Hindernis anzukämpfen, können Sie versuchen, seine Dynamik für sich zu nutzen und herauszufinden, was es Ihnen quasi umsonst gibt.

Man unterschätzt Sie? Man greift Sie an? Man übergeht Sie einfach? Der Markt hat einen Großteil der Konkurrenz vernichtet? Das sind alles Dinge, die Sie umsonst bekommen, die Ihnen verschiedene Strategien eröffnen, und die Sie dankbar nutzen können.

Es ist eine Geschichte von Alexander dem Großen und einem schwierigen Pferd namens Bukephalos überliefert – ein Pferd, das selbst sein Vater, König Philip II. von Makedonien, nicht zureiten konnte.

Andere hatten es mit nackter Gewalt, mit Peitschen und Seilen versucht, doch einer nach dem anderen war abgeworfen worden. Alexander stieg dagegen einfach auf und hielt sich einfach so lange, bis das Tier ruhig war. Nachdem sich Bukephalos ausgetobt hatte, blieb ihm nichts anderes übrig, als sich dem Reiter zu beugen. Für die nächsten zwanzig Jahre ritt Alexander auf seinem treuen Pferd in die Schlacht.

Und Ihre Hindernisse?

Ja, manchmal müssen wir von Amelia Earhart lernen und einfach handeln. Aber manchmal kann Zurückhaltung besser sein.

Gandhis Feldzug gegen die Borniertheit und die Briten dauerte Jahrzehnte, und oft genug hielt er seine Anhänger zurück, statt sie zum Handeln anzutreiben. Er wusste, dass es einige Zeit dauern würde, bis sich die Briten selbst besiegten und die öffentliche Meinung durch jeden der Fehler, zu dem er sie verführte, zu seinen Gunsten umschwenkte.

Manchmal müssen wir geduldig sein und warten, bis sich ein Hindernis selbst erledigt. Warten Sie, bis sich zwei Egos die Köpfe eingeschlagen haben, statt sofort mit in den Ring zu springen. Manchmal erfordert die Lösung eines Problems *weniger* Einsatz, nicht mehr.

Wenn wir etwas zu sehr wollen, können wir unser schlimmster Feind werden. In unserem Eifer brechen wir die Schraube ab, die wir festdrehen wollen, und erreichen gar nichts mehr. Wir geben so viel Gas, dass die

Reifen durchdrehen und sich so tief in den Schnee oder Schlamm fressen, dass wir nicht mehr herauskommen.

Wir wollen unbedingt vorankommen und vergessen, dass auch andere Wege an unser Ziel führen. Es kommt uns nicht in den Sinn, dass uns Stehenbleiben oder Zurückweichen weiterbringen könnten. Handeln Sie nicht einfach, bleiben Sie stehen!

Wir kämpfen und kämpfen – wir kämpfen, um eine Gehaltserhöhung zu bekommen, neue Kunden zu gewinnen oder eine Notlage zu verhindern. Aber manchmal kommen wir vielleicht eher an unser Ziel, wenn wir zunächst unsere Wünsche in Augenschein nehmen. Oder uns ein ganz anderes Ziel setzen und das Hindernis als Chance nehmen, eine neue Richtung einzuschlagen. So stoßen wir vielleicht eine neue Unternehmung an, mit der wir mehr verdienen als mit unserem schmalen Einkommen. Oder wir stellen fest, dass wir mehr Kunden bekommen, wenn wir sie einfach ignorieren, weil sie lieber mit jemandem zusammenarbeiten, der sie nicht die ganze Zeit belagert. Oder wir betrachten die gefürchtete Katastrophe in einem neuen Licht und finden neue Möglichkeiten, sie zu nutzen (sollte sie jemals eintreten).

Wir nehmen fälschlicherweise an, dass Fortschritt immer nur eine Richtung hat, und dass es nur einen Weg zum Erfolg gibt. Aber manchmal überwinden wir die Hindernisse auf unserem Weg eher, wenn wir aus- oder zurückweichen.

Dazu ist Bescheidenheit nötig. Wir müssen anerkennen, dass unser ursprünglicher Ansatz nicht funktioniert. Wir schaffen es nicht auf dem »üblichen« Weg. Na und?

Das Entscheidende ist, dass unser Ansatz ans Ziel führt. Und wir müssen uns eines klarmachen: Hindernisse gegen sich selbst zu verwenden ist etwas ganz anderes, als tatenlos herumzusitzen. Passiver Widerstand ist in Wirklichkeit unglaublich aktiv. Und er erfordert Disziplin, Selbstbeherrschung, Mut, Entschlossenheit und eine große Strategie.

Der große Stratege Saul Alinsky glaubte, »wenn man genug Druck auf etwas Schlechtes ausübt, dann schlägt es in sein Gegenteil um«. Jedes Gute hat sein Schlechtes, jedes Schlechte sein Gutes. Das Handeln besteht darin, auf die andere Seite zu kommen, und aus dem Schlechten etwas Gutes zu machen.

Das sollte uns ein Trost sein. Es bedeutet nämlich, dass nur wenige Hindernisse zu groß für uns sind. Denn diese Größe könnte in Wirklichkeit ein Vorteil sein. Weil wir diese Größe gegen das Hindernis selbst wenden können. Eine Burg kann eine furchteinflößende und unüberwindbare Festung sein, aber wenn sie belagert wird, ist sie ein Gefängnis. Der Unterschied ist lediglich ein Strategiewechsel.

Wir können Hindernisse zu unserem Vorteil verwenden und sie die Schwerarbeit übernehmen lassen. Manchmal bedeutet das, das Hindernis so zu lassen, wie es ist, statt es mit aller Gewalt verändern zu wollen.

Je schneller Bukephalos lief, umso eher wurde er müde. Je härter die Polizei gegen Bürgerrechtler vorging, umso mehr Unterstützer fanden sie. Je mehr sie kämpfen, umso einfacher wird es. Je mehr *Sie* kämpfen, umso weniger erreichen Sie.

So geht es uns mit unseren Problemen.

BÜNDELN SIE IHRE KRÄFTE

> Wenn du von den Umständen gezwungen wirst, gewissermaßen aus dem Gleichgewicht zu geraten, dann zieh dich schnell in dich selbst zurück und lass dich nicht mehr als unbedingt nötig aus dem Rhythmus bringen. Denn du wirst besser über innere Ausgeglichenheit verfügen, wenn du immer wieder zu ihr zurückkommst.
>
> – Marc Aurel

Arthur Ashe war ein wunderbar widersprüchlicher Tennisspieler. Um die Rassentrennung der 1950er und 1960er Jahre zu überleben, lernte er von seinem Vater, auf dem Platz seine Gefühle zu verbergen. Er zeigte keinerlei Reaktionen, regte sich nicht über seine Fehler auf und beschwerte sich nicht über falsche Entscheidungen. Als schwarzer Spieler konnte er es sich nicht leisten, mit seinen Fähigkeiten zu prahlen, laut zu jubeln oder sich seinen Ehrgeiz anmerken zu lassen.

Doch seine Spielweise sprach eine ganz andere Sprache. All die unterdrückten Energien und Gefühle leitete er in seinen starken und eleganten Spielstil um. Sein Gesicht war wie versteinert, aber sein Körper war umso lebendiger, mit seinen fließenden Bewegungen beherrschte er den Platz. Sein Stil lässt sich am besten mit seinen eigenen Worten beschreiben: »körperlich locker und geistig angespannt«.

Mit dieser Mischung war Arthur Ashe kaum zu schlagen. Er behielt seine Gefühle fest im Griff, und spielte gleichzeitig verwegen und kühn. Er flog über den Platz, erreichte schier unerreichbare Bälle und schlug ebensolche zurück. Das konnte er nur deshalb, weil er frei war. Frei da, wo es darauf ankommt, nämlich innerlich.

Andere Spieler, die es sich leisten konnten zu jubeln oder sich mit Linienrichtern und Gegnern anzulegen, schienen dem Druck wichtiger Spiele weniger gut standzuhalten als Arthur Ashe. Oft hielt man Ashe für unmenschlich oder völlig verklemmt. Gefühle müssen raus, aber Ashe übersetzte sie in seinen explosiven Antritt, seine Schläge, Chips und Dives. In der Leidenschaft, mit der er spielte, war nichts von seiner äußerlichen Zurückhaltung zu spüren.

Widrigkeiten können uns verkrampfen lassen. Oder sie können uns befreien und besser machen – wenn wir es zulassen.

Viele andere schwarze Leistungssportler waren zu demselben Spiel gezwungen wie Ashe. Der Boxer Joe Louis wusste, dass die rassistischen weißen Fans keinen emotionalen schwarzen Kämpfer dulden würden, weshalb er sämtliche Regungen hinter einer harten, schwarzen Maske verbarg. Seine Gegner fürchteten ihn als Kampfmaschine, weil er kaum menschlich schien. So nahm er einen Nachteil hin und verwandelte ihn im Ring in eine unerwartete Stärke.

Taylor Swift wurde schon als Jugendliche berühmt, doch von ihr gibt es keine Videos oder Geschichten von öffentlichen Ausrastern, von ihr kennt man keine echten Skandale, Entgleisungen oder dumme Sprüche. Nicht, weil sie nichts empfindet. Im Gegenteil, in ihrer Musik zeigt sie sich als emotionaler und sogar impulsiver Mensch – sie verliebt sich, wird enttäuscht oder hat Probleme mit körperlichen Schwächen. Aber genau das ist der Punkt: All das bringt sie in ihren Liedern zum Ausdruck, nicht in Interviews oder destruktiven Verhaltensweisen.

Swift kanalisiert ihre Gefühle dahin, wo sie ihr nutzen – als Künstlerin und als Unternehmerin. In der Auseinandersetzung um den Verkauf ihrer Mastertapes hätte sie ausfällig werden können. Sie hätte viele Jahre vor Gericht verlieren können. Sie hätte Millionen auftreiben und die Rechte an ihren Aufnahmen zurückkaufen können. Aus Frustration hätte sie ihre älteren Titel abhaken können, und vielleicht hätte das Ganze sogar ihrer Kreativität geschadet.

Stattdessen nahm sie jedes ihrer sechs Alben noch einmal auf und veröffentlichte es mit neuem Cover, neuen Songs und einer neuen Marketing-Kampagne ein zweites Mal – es war ein Moment, der ihrer gesamten Karriere eine neue Wende gab. Wir können uns gut vorstellen, wie sie die Hedgefund-Manager angrinste, die ihre Mastertapes gekauft hatten, nachdem sie ihre Songs neu eingespielt hatte: »Was meinen Sie? Das sind ganz neue Aufnahmen. Sehen Sie nicht, der Titel ist jetzt (Taylor's Version).«

Sie holte sich nicht nur die Rechte an ihrer eigenen Musik zurück, sondern katapultierte sich mit ihren neuen Veröffentlichungen auf eine Weise in die öffentliche Wahrnehmung, wie es nur wenige Unterhaltungskünstler vor ihr geschafft hatten. Der Erfolg ihrer »Eras Tour«, die mehr als 1 Milliarde Dollar einspielte, wurde nur möglich, weil eine neue Generation ihre Musik entdeckte, und weil ihr die Neuveröffentlichung ihrer Alben gewaltige Aufmerksamkeit bescherte. Und obendrein war sie der Underdog! Das war Karriere- und Marketing-Jiu-Jitsu ohnegleichen.

Wir haben alle mit Zwängen zu kämpfen – Regeln und gesellschaftlichen Normen, an die wir uns halten müssen, ob wir wollen oder nicht. Kleidervorschriften, Abläufe, Verfahrensweisen, rechtliche Verpflichtungen und Hierarchien am Arbeitsplatz schreiben uns vor, wie wir uns zu verhalten haben. Wenn wir zu viel darüber nachdenken, vermitteln diese Regeln schnell den Eindruck, in einem Gefängnis zu sitzen. Und wenn wir nicht aufpassen, lenkt uns das von unserem Spiel ab.

Statt uns der Frustration hinzugeben, können wir diese Zwänge für uns nutzen. Sie können unserem Handeln Kraft verleihen. Während andere sich mit den Regeln herumschlagen, untergraben wir sie und nutzen sie zu unserem Vorteil. Wie Wasser. Wenn es von einem Damm zurückgehalten wird, sitzt es nicht einfach träge da. Es speichert vielmehr seine Energie, und mit dieser werden Kraftwerke angetrieben, die ganze Städte versorgen.

Toussaint Louverture (1743–1803), der einstige haitianische Sklave und spätere General, brachte seine französischen Feinde so sehr zur Verzweiflung, dass sie ausriefen: »Cet homme fait donc l'ouverture partout« – dieser Mann reißt überall eine Lücke! Er handelte so fließend und war so schwer zu packen, dass er den Namen Louverture erhielt, »die Öffnung«. Der Name war passend. In seinem Leben war alles ein Hindernis gewesen, aber er hatte so viele seiner Erfahrungen wie möglich in Chancen verwandelt. Seine Lebensumstände hatten ihn dazu gebracht, listig und unermüdlich zu sein und dorthin zu gehen, wo andere nicht hinkamen. Und auch wenn seine Hindernisse Politik, Berge oder Napoleon selbst waren, ließ er sich nicht beirren – er machte sich einfach an die Arbeit.

Trotzdem haben wir das Gefühl, verloren zu sein, wenn der Projektor versagt (statt ihn einfach auszuschalten und einen mitreißenden freien Vortrag zu halten). Wir tauschen den neuesten Klatsch mit Kollegen aus (statt produktiv in die Tasten zu hauen). Wir geben uns unseren Emotionen hin (statt zu handeln).

Aber denken Sie an Leistungssportler, die einen Lauf oder eine Siegesserie haben und denen alles zu gelingen scheint – wie viele scheinbar unüberwindliche Hindernisse fallen in diesem Flow-Zustand! Schwächen verschwinden, jeder Schlag trifft sein Ziel, jede Müdigkeit fällt ab. Sie werden an diesem oder jenem gehindert, aber das bringt sie nicht von ihrem Ziel ab. Äußere Faktoren beeinflussen den Weg, aber nicht die Richtung: Es geht immer weiter vorwärts.

Es gibt kein Hindernis in unserem Leben, das diesem eleganten, fließenden Können widerstehen würde.

Körperliche und geistige Lockerheit setzt kein besonderes Talent voraus – diese Mischung bezeichnet man zu Recht als Leichtsinn. (Wir wollen schließlich richtiges Handeln, nicht einfach nur Handeln.) Körperliche und geistige Anspannung nennt man dagegen

Nervosität – das funktioniert auch nicht, weil wir irgendwann zusammenbrechen. Aber körperliche Lockerheit gepaart mit geistiger Anspannung ist eine unschlagbare Mischung.

Es ist eine Kraft, die unsere Gegner und Konkurrenten zur Verzweiflung bringt. Sie glauben, dass wir mit ihnen spielen. Es ist zum Verrücktwerden – so, als würde uns das alles keine Mühe kosten. Als wären wir auf dem Weg zu unserem Ziel gefeit gegen alle äußeren Zwänge und Belastungen.

Und genau so ist es.

ERGREIFEN SIE DIE INITIATIVE

Die besten Männer sind nicht die, die auf ihre Chance gewartet haben, sondern die sie ergriffen haben, die sie verfolgt und erobert haben, und die sich die Chance zu Diensten gemacht haben.

– E. H. Chapin

Im Frühjahr 2008 stand Barack Obamas Präsidentschaftskandidatur auf der Kippe. Rassistische Bemerkungen seines Pastors Jeremiah Wright hatten einen Skandal ausgelöst, der Obamas Vorwahlkampf torpedierte und die schwachen Bande, die seine schwarzen und weißen Anhänger geknüpft hatten, zu zerreißen drohte.

Kontroversen um Hautfarbe, Religion und Klasse flammten auf. Es war die Art von politischer Katastrophe, die einen Wahlkampf aus der Bahn werfen und einen Kandidaten völlig handlungsunfähig machen kann. Die meisten würden sich wegducken, schweigen, vernebeln oder auf Abstand gehen.

Selbst wer Obama nicht mag, kann wohl kaum umhin, beeindruckt davon zu sein, wie er darauf reagierte. Er verwandelte diesen Tiefpunkt seiner Kampagne in eine Überraschungsoffensive. Gegen jeden Rat beschloss er zu handeln und diese negative Situation zu einem »Lernmoment« zu machen. Er nutzte die öffentliche Aufmerksamkeit um die Kontroverse, um die Wählerschaft des ganzen Landes zu erreichen und sich in der problematischen Frage der Hautfarbe direkt an die Nation zu wenden.

Diese Rede war ein Wendepunkt. Statt sich zu distanzieren, sprach Obama jeden Punkt direkt an. Auf diese Weise legte er nicht nur eine Kontroverse bei, die ihn möglicherweise aus dem Rennen um die Kandidatur geworfen hätte, sondern ergriff die Chance, sich einen Vorteil zu verschaffen. Nachdem sein Wahlkampf diese negative Situation durchgestanden hatte, wurde seine Kampagne von einer Begeisterung erfasst, die ihn direkt ins Weiße Haus trug.

Wenn Sie meinen, dass es ausreicht, die Chancen zu nutzen, die sich Ihnen im Leben bieten, dann werden Sie niemals wahre Größe erreichen. Das kann mit ein bisschen Klugheit jeder. Sie müssen dagegen lernen, genau dann in die Offensive zu gehen, wenn Ihr Umfeld schwarzsieht.

In diesen scheinbar aussichtslosen Momenten, in denen andere es am wenigsten erwarten würden, können wir schnell und überraschend handeln und einen überlegenen Sieg erzielen. Wo andere von ihrer Mutlosigkeit gelähmt sind, ergreifen wir die Initiative. Wir sehen diesen Moment anders und handeln entsprechend.

Der Berater Rahm Emuanel gab Obama einmal einen genialen strategischen Rat: »Lassen Sie keine schwere Krise ungenutzt. Dinge, die wir zu lange aufgeschoben haben, langfristige Probleme, stehen plötzlich im Vordergrund und müssen gelöst werden. Eine Krise bietet uns die Gelegenheit, Dinge zu tun, die wir früher nicht tun konnten.«

Ein Blick in die Geschichtsbücher zeigt, dass große Politiker Katastrophen oder negative Ereignisse nutzen, um überfällige Reformen durchzusetzen, die andernfalls kaum eine Mehrheit gefunden hätten. Das können wir auch auf unser Leben anwenden.

Sie haben ein Projekt, das Sie schon lange aufschieben. Sie wollen ein Theaterstück schreiben. Reisen. Ein Unternehmen gründen. Einen Mentor ansprechen. Eine Bewegung gründen.

Und jetzt ist etwas passiert. Ein Ereignis, das Sie aus der Bahn wirft, eine Pleite, ein Unfall oder eine andere Tragödie. *Nutzen Sie diesen Moment.*

Vielleicht liegen Sie gerade im Bett und erholen sich. Nun, jetzt haben Sie Zeit zum Schreiben (Ian Fleming schrieb *Chitty Chitty Bang Bang* von einem Krankenhausbett aus, nachdem ein Arzt ihm gesagt hatte, dass die Arbeit an einem weiteren James-Bond-Roman zu anstrengend sei). Vielleicht sind Sie gerade überwältigt von schmerzlichen Gefühlen, weil Ihnen das Herz gebrochen wurde. Das ist materiell. Sie haben Ihren Job verloren? Das ist furchtbar, aber jetzt können Sie unbelastet reisen. Ihr Kind ist gerade in Schwierigkeiten geraten? Vielleicht ist das der Zeitpunkt, an dem Sie endlich erfolgreich mit ihm kommunizieren können.

Sie haben ein Problem? Nun, jetzt haben Sie einen Anlass, um auf diesen Mentor zuzugehen!

Nutzen Sie den Moment, um den Plan, den Sie schon so lange mit sich herumschleppen, in die Tat umzusetzen. Chemische Reaktionen benötigen einen Katalysator – das kann Ihrer sein.

Gewöhnliche Menschen haben Angst vor schwierigen Situationen oder Rückschlägen. Sie wollen Probleme um jeden Preis vermeiden. Anders große Menschen: Sie blühen in schwierigen Situationen auf. Sie nutzen persönliche Tragödien, Unglücksfälle und wirklich alles zu ihrem Vorteil.

Aber diese Krise, in der Sie gerade stecken? Wenn Sie sich selbst bemitleiden, wenn Sie sich schwach und enttäuscht fühlen, dann vergeuden sie Ihre Chance. Vergessen Sie nicht: Das Glück ist mit den Tüchtigen.

Wir sitzen hier und jammern, dass wir keine Gelegenheiten bekommen. Aber das ist falsch.

In bestimmten Momenten unseres kurzen Lebens werden wir mit großen Unannehmlichkeiten konfrontiert. Diese sind oft frustrierend, bedauerlich, ungerecht. Sie treffen uns genau dann, wenn wir sie am allerwenigsten gebrauchen können. Die Frage ist: Wollen wir sie ausschließlich als negative Ereignisse sehen? Oder können wir das Negative hinter uns lassen und in die Offensive gehen? Oder anders gefragt, können wir das Problem als Chance zu einer Lösung begreifen, auf die wir schon lange gewartet haben?

Die Autorin Julia Baird schildert, wie sie an ihrem Tiefpunkt ankam. Ihr Partner hatte sie verlassen, sie war krank und ausgepowert. In dieser Lage suchte sie eine Psychotherapeutin auf und hörte sich laut sagen: »Ich weiß nicht mehr, wie ich das alles durchstehen soll.«

Genau deshalb suchen wir Hilfe, wir bitten um Rat und tun nicht so, als sei alles in Ordnung, wenn nichts in

Ordnung ist. Denn als sie ihrer Therapeutin ihr Herz ausschüttete, sagte diese etwas, das ihrem Leben eine neue Richtung gab: »Genau jetzt wird all das wichtig, was Sie in Ihrem Leben bekommen haben. Daraus schöpfen Sie Kraft. Ihre Eltern, Ihre Freunde, Ihre Arbeit, Ihre Bücher, alles, was man Ihnen je gesagt hat, alles, was Sie je gelernt haben – jetzt ist der Moment, in dem Sie das alles gut gebrauchen können.«

Im Leben wie in vielen Schlachten erreichen die widerstreitenden Kräfte irgendwann einen Punkt der Erschöpfung. Wer nach einem langen Kampf am nächsten Morgen aufsteht und sich nicht zurückzieht, sondern weiter anstürmt – wer sagt, *ich werde sie angreifen und hier und jetzt besiegen* –, der trägt den Sieg davon.

Für Napoleon war Krieg eine ganz einfache Sache: Zwei Armeen sind zwei Körper, die aufeinanderprallen und einander Angst machen wollen. Im Moment des Aufpralls kommt Panik auf, und diesen Moment nutzt der überlegene Befehlshaber zu seinem Vorteil. Große Befehlshaber verfügen über »Fronterfahrung«, ein Gespür für den schlachtentscheidenden Moment. Die Fähigkeit, in der Hitze des Gefechts den exakten Augenblick zu erkennen, in dem eine Offensive am wirkungsvollsten ist. Das muss man spüren – und dann danach handeln!

Genau das tat Obama. Er drückte sich nicht, er ging nicht erschöpft in die Knie, obwohl er schon einen langen und kräftezehrenden Vorwahlkampf hinter sich hatte. Stattdessen nahm er alle Kräfte zusammen, stellte sich der Herausforderung, wendete die Kontroverse und ging deshalb als Sieger hervor. Aus einem hässlichen Vorfall machte er einen »Lernmoment« und hielt eine der wichtigsten Reden zum Thema Hautfarbe in der Geschichte der Vereinigten Staaten.

Das Hindernis lässt sich nicht nur überwinden, es lässt sich als Sprungbrett nutzen.

RECHNEN SIE DAMIT, DASS ALLES SCHIEFGEHT

Du bist unbesiegbar, wenn dich nichts außerhalb deines Willens aus der Ruhe bringen kann.

– Epiktet

Wahrnehmungen lassen sich korrigieren. Handlungen lassen sich steuern. Wir haben immer die Möglichkeit, klar zu denken und kreativ zu handeln. Suchen Sie Ihre Chance, ergreifen Sie die Initiative.

Aber auf unsere Umwelt haben wir keinen Einfluss – zumindest nicht in dem Maße, in dem wir uns das wünschen. Wir können eine Situation richtig sehen und richtig handeln, aber trotzdem scheitern.

Aber vergessen Sie nie: Nichts kann uns daran hindern, es zu versuchen. Niemals.

Aber bei aller Kreativität und Entschlossenheit kann es Hindernisse geben, die sich einfach nicht überwinden lassen. Manche Maßnahmen sind undurchführbar, manche Wege unpassierbar. Es gibt Dinge, die sind einfach stärker als wir.

Manche Probleme passieren einfach.

Wir denken, es wäre wunderbar, wenn das Leben nach unseren Vorstellungen verliefe, wenn jede Handlung erfolgreich wäre, aber es ist zu unserem Vorteil, dass es nicht so abläuft. Wie Emerson sagte, schläft ein Mensch, dessen Leben zu ruhig ist, ein. Aber wenn er »gedrängt, gequält, besiegt« wird, hat ein Mensch »die Chance, etwas zu lernen; er ist nun auf seinen Verstand, auf seine Männlichkeit angewiesen; er hat Fakten gewonnen; hat seine Unwissenheit kennengelernt; wird vom Wahn der Selbstüberschätzung geheilt; hat Mäßigung und echtes Geschick erlangt.«

Wir können jedes Hindern wenden und es als Chance auffassen, eine andere Fähigkeit oder Tugend unter Beweis zu stellen – und wenn wir nur lernen, schmerzhafte Ereignisse hinzunehmen oder bescheiden zu sein.

Diese Formel lässt sich überall anwenden: In jeder Situation ist ein Hindernis in Wirklichkeit nichts anderes als ein neuer Weg. Wenn ein geliebter Mensch Sie verletzt, dann haben Sie die Möglichkeit, Vergebung zu üben. Wenn Ihr Unternehmen vor der Pleite steht, können Sie Akzeptanz lernen. Und wenn es gar nichts mehr gibt, was Sie für sich selbst tun können, dann können Sie immer noch versuchen, anderen zu helfen.

Alles ist eine Chance, unser Bestes zu geben, unser Bestes zu sein.

Nur unser Bestes. Nichts Unmögliches.

Wir müssen bereit sein, zu würfeln und zu verlieren. Rechnen Sie damit, dass alles schiefgeht.

Wer ein Ziel verfolgt, wird wieder und wieder damit konfrontiert. Manchmal können die besten Pläne und Überlegungen, die größte Anstrengung und Hartnäckigkeit nichts daran ändern, dass manche Dinge einfach nicht funktionieren.

Die Welt braucht nicht noch mehr Märtyrer.

Wir können zu der Sorte Mensch gehören, die eine Aufgabe angehen und alles daransetzen, und die gleichzeitig bereit sind, jedes Resultat hinzunehmen und zum nächsten Punkt weiterzugehen.

Sind Sie das? Das Zeug haben Sie jedenfalls dazu.

TEIL 3

WILLE

Was ist der Wille? Der Wille ist unsere innere Kraft, die niemals von der Außenwelt beeinträchtigt wird. Wir lenken unseren Verstand, wir handeln, aber all dies ist vom Willen abhängig. Wenn wir uns in einer eindeutig schlechten Situation befinden, auf die wir keinerlei Einfluss haben, dann bestimmen wir, was wir tun können und wie wir es tun, ob wir es verwandeln können, in einen Durchbruch, eine Lernerfahrung, eine Erfahrung, die uns Demut lehrt, oder eine Gelegenheit, anderen Trost zu spenden. Das ist Willens*kraft*. Aber die will trainiert sein. Wir müssen uns auf Gegenwind und Turbulenzen gefasst machen, wir müssen lernen, Dinge hinzunehmen und selbst in schweren Zeiten unsere heitere Gelassenheit zu bewahren. Viele Menschen glauben, Wille habe damit zu tun, etwas ganz besonders zu wollen. Es liegt auch Selbstaufgabe in unserer Stärke. Es geht eher um »Dein Wille geschehe« als um den »Willen zur Macht«, denn selbst dieser lässt sich brechen. Wahrer

Wille ist stille Bescheidenheit, Zähigkeit und Biegsamkeit; der andere Wille ist nur Schwäche, die sich hinter Großspurigkeit und Ehrgeiz versteckt. Es ist keine Frage, welcher vor den größten Hindernissen länger besteht.

WILLE IST ERLERNBAR

Weil der Mensch Abraham Lincoln heute hinter dem gigantischen Mythos verschwindet, weiß kaum jemand, dass er sein Leben lang unter schweren Depressionen litt. Damals bezeichnete man die Krankheit als »Melancholie«, und die war so gravierend, dass sie Lincoln lähmte und zweimal an den Rand des Suizides führte.

Wir erinnern uns lieber an seinen schrägen Sinn für Humor, doch der war oft das Gegenteil dessen, was er in seinen schwärzesten Momenten empfunden haben muss. So locker und fröhlich er sein konnte, er durchlebte auch lange Phasen der Grübelei, der Einsamkeit und des Leids. Innerlich rang er mit einer schweren Last, die ihm oft unerträglich schien.

Lincolns Leben war gezeichnet von großen Schwierigkeiten. Er wuchs auf dem Land in Armut auf, hatte einen Vater, der ihn misshandelte, verlor früh seine Mutter, studierte im Selbststudium Jura, verlor als junger Mann die Frau, die er liebte, praktizierte als Anwalt in einer Kleinstadt und erlitt auf dem Weg durch die Politik mehrere Wahlniederlagen. Dazu kamen die Depressionsschübe, die man damals noch nicht als Krankheit erkannt hatte. All diese Hindernisse schob Lincoln mit Ehrgeiz und Geduld beiseite.

Lincolns persönliche Probleme waren so groß, dass er zu dem Schluss kam, sie seien eine Art Bestimmung.

Vor allem seine Depression sah er als eine einmalige Erfahrung, die ihn auf Großes vorbereitete. Er lernte, dies alles zu erdulden, auszusprechen, und darin einen Sinn und Zweck zu erkennen. Dies muss man wissen, um die wahre Größe dieses Mannes zu verstehen. Und es ärgerte ihn, wenn man nicht erkannte, wie wichtig das in seinem Leben war. Die Biografien der Großen der Geschichte seien alle gleich, klagte er einmal gegenüber einem Freund. Sie seien austauschbar, langweilig und teils sogar »falsch und irreführend«, weil sie die »Fehler und Misserfolge unterschlagen«, die das Leben und die Geschichte ausmachen. Dabei seien es gerade diese Hindernisse und Schwierigkeiten, an denen diese Menschen gewachsen seien und aus denen die Leser lernen könnten. Aus eigener Erfahrung wusste er, dass genau hier die wichtigen Lektionen zu finden waren – nicht in den guten Zeiten und nicht, wenn alles nach Plan lief.

In Lincolns Tagen hing die Sklaverei wie eine dunkle, unheilvolle Wolke über den Vereinigten Staaten. Einige verschlossen die Augen davor, andere resignierten oder wurden zu Befürwortern, und wieder andere bereicherten sich an ihr und gaben sich ihrem Übel hin. Die meisten gingen davon aus, dass dies zum endgültigen Zerfall der Union führen würde – oder schlimmer noch, zum Ende der Welt, wie sie sie kannten.

Die Eigenschaften, die Lincoln durch seine persönliche Geschichte erworben hatte, erwiesen sich als bestens geeignet, das Land durch diese große Prüfung zu führen. Anders als andere Politiker geriet er nie in Versuchung, sich in kleinkarierten Auseinandersetzungen zu verzetteln, er war kein Fanatiker und konnte nicht hassen wie andere. Durch seine eigenen leidvollen Erfahrungen war er voller Mitgefühl für das Leid anderer. Er war geduldig, weil er wusste, dass schwere Aufgaben Zeit brauchen. Vor allem fand er Sinn und Befreiung in einer Sache, die größer war als er und sein persönliches Leid.

Das Land brauchte einen großherzigen und zielstrebigen Präsidenten – und es fand ihn in Lincoln, einem Vertreter der – wie er es nannte – »kalten, berechnenden, leidenschaftslosen Vernunft«. Geprägt durch sein Eigenstudium und seine persönlichen »schweren Erfahrungen«, war er besser als jeder andere dazu geeignet, das Land durch seine schwerste Prüfung zu führen: den Bürgerkrieg.

So geschickt, ehrgeizig und klug Lincoln war, seine eigentliche Stärke war sein Wille: seine Fähigkeit, seine ganze Kraft einer schweren Aufgabe zu widmen, ohne je die Hoffnung zu verlieren; Humor und tödlichen Ernst zu vereinen; seine persönlichen Probleme zu nutzen, um andere zu unterstützen und zu führen; und sich über das politische Gezänk zu erheben und die Dinge philosophisch zu sehen. »Auch das geht vorüber«, war Lincolns Lieblingssatz, der in jeder Situation zutraf.

Um mit seiner Depression zu leben, hatte Lincoln eine innere Festung errichtet, die ihn schützte. Im Jahr 1861 gab ihm diese Festung das, was er brauchte, um die Auseinandersetzungen des heraufziehenden Kriegs durchzustehen. Vier Jahre lang tobte die »Feuerprobe« des Bürgerkriegs, und Lincoln, der zunächst alles getan hatte, um ihn zu verhindern, tat nun alles, um ihn zu gewinnen, und schließlich, um ihn »ohne Groll gegen irgendjemanden« zu beenden. Admiral David Porter, der Lincoln während seiner letzten Tage begleitete, erinnerte sich: Lincoln »schien lediglich zu denken, dass er eine unangenehme Pflicht zu erfüllen hatte«, und habe sich daran gemacht, »dieser so gelassen wie möglich nachzukommen«.

Glücklicherweise wird kaum jemand von uns vergleichbare Pflichten durchzustehen haben und dabei wie Lincoln aus persönlichem Leid schöpfen, um sie zu bestehen. Trotzdem können und müssen wir von seiner Haltung, seinem Mut und seinem unnachgiebigen Gerechtigkeitssinn lernen.

Klare Sicht und richtiges Handeln reichen nicht immer aus, weder in der Politik noch im Alltag. Manche Hindernisse lassen sich nicht im Handumdrehen oder mit einem neuen Ansatz lösen. Niemand kann eigenhändig ein Land von einem großen Missstand befreien oder einen Bürgerkrieg verhindern. Natürlich versuchen wir es, denn ganz unmöglich ist es nicht. Aber wir sollten uns darauf einstellen, dass wir scheitern. Und wir müssen in der Lage sein, diesem Leid einen Sinn abzugewinnen, und es mit Kraft und Geduld zu ertragen.

So wie Lincoln. Er war immer mit einer frischen Idee oder einem neuen Ansatz zur Stelle (zum Beispiel als er keine Verstärkung ins belagerte Fort Sumter schickte, sondern nur Lebensmittel, oder als er die Abschaffung der Sklaverei unmittelbar nach dem Sieg der Nordstaaten am Antietam verkündete, um seiner Botschaft Nachdruck zu verleihen), oder als er den dreizehnten Zusatzartikel verabschiedete, der die Sklaverei in Amerika endgültig beendete. Lincoln war ein Träumer. Er hatte große Hoffnungen, aber er war auch immer auf das Schlimmste vorbereitet. Er war sich der Schwächen der Menschen und der Nation bewusst und er war darauf vorbereitet.

Führung erfordert Entschlossenheit und Energie. Und bestimmte Situationen verlangen, diese Energie zu gebrauchen, um sie einfach zu ertragen. Um in schweren Zeiten Kraft zu geben. Lincolns persönliche Erfahrung, seine inneren Auseinandersetzungen und seine Leidensfähigkeit gaben ihm die Kraft zu führen. Eine Nation, eine Sache und ein Projekt zusammenzuhalten.

Das ist der Weg unserer dritten Disziplin: des Willens. Während Wahrnehmung und Handeln Kopf und Körper betreffen, ist der Wille eine Disziplin des Herzens und der Seele. Der Wille ist das Einzige, was wir immer vollständig beherrschen können. Du kannst zwar *versuchen*, deine falschen Wahrnehmungen zu korrigieren und in deinem Handeln alles zu geben, doch diese Versuche können behindert und zunichte gemacht werden. Anders der Wille: Der ist in dir selbst.

Wille ist Stärke und Weisheit – nicht nur in Bezug auf bestimmte Hindernisse, sondern in Bezug auf das Leben selbst und die Fähigkeit, Hindernisse einzuordnen. Er ist unsere eigentliche Energiequelle, er gibt uns die Kraft, zu erdulden, zu verstehen, und unüberwindlichen Hindernissen einen Sinn zu geben.

Lincolns Zeitgenossen bewunderten den Präsidenten für seine Ruhe, seinen Ernst und sein Mitgefühl. Heute erscheinen uns diese Eigenschaften geradezu übermenschlich. Sein Gespür für das, was getan werden musste, hob ihn aus der Masse heraus. Es war, als stehe er über den erbitterten Auseinandersetzungen, die alle anderen zerrissen. Als komme er von einem anderen Planeten.

Und in gewisser Weise stimmte das sogar. Zumindest kam er von einem fernen Ort tief in seinem Inneren, den andere nicht kannten. In der Schule des Leids hatte Lincoln gelernt, »die zu trösten, die genauso leiden«, um es mit Vergil zu sagen. Auch dies ist ein Aspekt des Willens: an andere zu denken, das Beste aus einer schweren Situation zu machen, an der wir bei allem Einsatz nichts ändern konnten, und das Schicksal mit heiterer Gelassenheit und Mitgefühl auf sich nehmen.

Mit seinen Worten erreichte Lincoln die Herzen der Menschen, weil sie aus seinem Herzen kamen, und weil er menschliche Erfahrungen kannte, die andere lieber verdrängen. Seine Stärke war sein persönliches Leid.

Als politischer Führer war Lincoln stark und entschlossen. Aber er verkörperte auch ein stoisches Motto: *sustine et abstine*. Ertrage und erdulde. Erkenne den Schmerz an, aber gehe weiter deinen Aufgaben nach. Hätte sich der Krieg länger hingezogen, hätte Lincoln das Land auch noch weiter durch ihn hindurchgeführt. Hätte der Norden den Bürgerkrieg verloren, dann hätte er zumindest gewusst, dass er alles getan hatte, um den Sieg zu erringen. Wichtiger noch, im Falle einer Niederlage wäre er bereit gewesen, sämtliche Konsequenzen mit Würde, Kraft und Mut zu tragen. Anderen ein Beispiel zu geben, in Sieg oder Niederlage, was auch immer eintrat.

Unsere modernen Technologien vermitteln uns die arrogante Illusion, dass wir unsere Umwelt vollständig beherrschen können. Wir glauben heute gern, dass wir selbst das Unkontrollierbare kontrollieren können.

Aber das ist natürlich ein Trugschluss. Es ist unwahrscheinlich, dass wir die schmerzhaften und unberechenbaren Aspekte des Lebens jemals beseitigen können. Ein kurzer Blick in die Geschichte zeigt, wie willkürlich und grausam die Welt sein kann. Das Sinnlose passiert immer und überall. Natürlich war nicht alles in Lincolns Leben finster. Er rang mit der Depression und erlebte die »mächtige Geißel des Kriegs«, doch er war auch ein liebevoller Vater. Er konnte komische Geschichten erzählen und war bekannt für seine Witze. »Diese furchtbare Last, die Tag und Nacht auf mir liegt, würde mich erdrücken, wenn ich nicht lachen würde«, sagte er einmal seinen Ministern, nachdem er ihnen ein paar Kapitel aus seinem Lieblingsbuch vorgelesen hatte. Sein jugendlicher Atheismus wandelte sich mit zunehmendem Alter zu einer tiefen Spiritualität, aus der er die Weitsicht und Weisheit schöpfte, die er zum Durchhalten brauchte. Ihr verdankte er es, dass er überall und in allem Glück fand.

Das Leben bringt uns an den Rand und kehrt unser Innerstes nach außen. In diesem Moment stehen wir nackt da, und die Welt sieht, aus welchem Stoff wir wirklich gemacht sind. Was kommt zum Vorschein, wenn Sie von Anspannung und Druck zerrissen werden? Eisen? Heiße Luft? Oder *Bullshit*?

Daher ist der Wille die entscheidende dritte Disziplin. Wir können denken, handeln und uns schließlich an eine Welt anpassen, die ihrem ganzen Wesen nach unberechenbar ist. Der Wille bereitet uns darauf vor, er schützt uns davor und erlaubt uns, trotzdem erfolgreich und glücklich zu sein. Er ist auch die schwerste Disziplin. Er erlaubt uns, gelassen zu bleiben, wo andere in die Knie gehen und zusammenbrechen. Zuversichtlich, ruhig und bereit, etwas zu tun, egal in welcher Lage. *Willens* und in der Lage, weiterzumachen, selbst unter unvorstellbaren Umständen, selbst wenn unsere schlimmsten Alpträume wahr werden.

Es ist einfacher, Wahrnehmungen und Gefühle in den Griff zu bekommen, als unseren Wunsch aufzugeben, Menschen und Ereignisse zu kontrollieren. Es ist einfacher, weiterzukämpfen, als das Unangenehme und Schmerzhafte zu ertragen. Es ist einfacher, zu denken und zu handeln, als sich in Weisheit zu üben.

So schwer diese Lektionen sind, so entscheidend sind sie, wenn es darum geht, den Widrigkeiten einen Nutzen abzuringen. In jeder Lage können wir

- immer bereit sein für noch schwierigere Zeiten,
- immer akzeptieren, was wir nicht ändern können,
- immer unsere Erwartungen gestalten,
- immer aushalten,
- immer lernen, unser Los zu lieben,
- immer unser Innerstes schützen und uns in uns selbst zurückziehen,
- immer uns einer größeren Sache unterordnen,
- immer an unsere eigene Sterblichkeit denken.

Und uns natürlich darauf einstellen, den Kreis wieder von vorn zu beginnen.

ERRICHTEN SIE IHRE INNERE FESTUNG

Der ist nicht stark, der in der Not nicht fest ist.

– Sprüche 24:10

Bis zu seinem zwölften Lebensjahr hatte Theodore Roosevelt fast täglich mit schwerem Asthma zu kämpfen. Trotz seiner privilegierten Herkunft hing sein Leben an einem seidenen Faden – Nacht für Nacht erlebte er Anfälle, die ihn beinahe das Leben kosteten. Selbst die geringste Anstrengung warf den schlaksigen Jungen um und fesselte ihn wochenlang ans Bett.

Eines Tages kam sein Vater ins Zimmer und teilte ihm etwas mit, das sein Leben verändern sollte: »Theodore, du hast den Kopf, aber nicht den Körper. Ich werde dir helfen, deinen Körper aufzubauen. Es wird harte Arbeit, aber ich bin mir sicher, dass du die Entschlossenheit hast, um es durchzustehen.«

Man könnte annehmen, dass ein Junge bei so etwas gar nicht zuhört, zumal ein verwöhnter Junge aus einer reichen und angesehenen Familie. Aber Roosevelts Schwester, die die Szene miterlebte, erinnerte sich, dass die Botschaft sehr wohl bei Theodore ankam. Mit dem gut gelaunten Elan, der ihn später auszeichnen sollte, sah er seinen Vater an und antwortete entschlossen: »Ich werde meinen Körper aufbauen.«

In dem Trainingsraum, den ihm sein Vater im zweiten Stock des Hauses einrichtete, trainierte der junge Roosevelt die nächsten fünf Jahre lang täglich, und baute langsam die Muskeln auf, die seinen Oberkörper gegen seine schwachen Lungen und für die Zukunft stählten. Mit Anfang zwanzig hatte er den Kampf gegen das Asthma praktisch gewonnen und seinem Körper die Schwäche abtrainiert.

Das Training bereitete einen intelligenten, aber körperlich schwachen Jungen auf den ungewöhnlich schwierigen Weg vor, der das Land und die ganze Welt erwartete. Damit begann seine Vorbereitung auf das, was er als »das strapaziöse Leben« bezeichnete.

Und das Leben verlangte Roosevelt viel ab. Kurz hintereinander verlor er erst seine Frau, dann seine Mutter; er rang mit mächtigen politischen Feinden, die seine fortschrittliche Agenda bekämpften; er musste Wahlniederlagen einstecken; das Land verstrickte sich in Kriege; und es wurden mehrere Attentate auf ihn verübt. Doch dank seines Trainings und seiner Zähigkeit war er vorbereitet.

Sind Sie auch vorbereitet? Könnten Sie damit umgehen, wenn sich Ihre Lage plötzlich verschlechtert?

Wir gehen davon aus, dass wir schwach sind. Wir nehmen an, dass wir mit bestimmten Eigenschaften zur Welt kommen, und dass wir an unseren Schwächen nichts ändern können. Und von da an verkümmern wir.

Das ist nicht das beste Rezept, um die Schwierigkeiten des Lebens zu meistern.

Aber nicht alle nehmen ihren schlechten Start im Leben einfach so hin. Mit Training und Übung bauen sie ihren Körper und ihr Leben auf. Sie bereiten sich auf den steilen und steinigen Weg vor. Natürlich hoffen sie, dass er nicht gar so steinig wird. Aber sie bereiten sich trotzdem darauf vor.

Und Sie?

Niemand kommt mit einem Rückgrat aus Stahl zur Welt. Das müssen wir uns schon selbst schmieden.

Wir bilden unsere geistige Kraft durch körperliches Training, und unsere körperliche Kraft durch geistiges Training (*mens sana in corpore sano* – ein gesunder Geist in einem gesunden Körper).

Dieser Gedanke geht bis auf die Philosophen der Antike zurück. Ihre Philosophie zielt ganz darauf, die Menschen zu verändern, sie auf die kommenden Herausforderungen vorzubereiten und sie zu kräftigen. Viele dieser Philosophen sahen sich als geistige Sportler – das Gehirn lässt sich schließlich genauso trainieren wie jedes andere Organ. Mit der richtigen Übung lässt es sich aufbauen und formen. Im Laufe der Zeit hatten sie ihr Denken so ausgebildet, dass sie aus dem Instinkt heraus auf jede Situation reagieren konnten. Vor allem auf Hindernisse.

Das jüdische Volk lebte so lange ohne Heimat und ohne Tempel in der Diaspora, die den physischen Wiederaufbau ihrer Nation unmöglich machte, dass sie zu einem spirituellen Wiederaufbau gezwungen waren. Ihr Tempel war geistiger Natur und wurde in jedem einzelnen Gläubigen errichtet. Und aus diesem Tempel konnte jeder Einzelne in der Fremde, der Not und der Verfolgung Kraft und Schutz ziehen.

Nehmen Sie diesen Satz aus der Haggada: »In jeder Generation betrachte man sich so, wie wenn man selbst aus Ägypten ausgezogen wäre.«

Am Vorabend des Pessach-Fests essen die Juden Bitterkraut und ungesäuertes Brot (das »Brot des Kummers«) Warum? In gewisser Weise kommt hier die Kraft zum Ausdruck, die die Gemeinschaft über Generationen hinweg getragen hat. Mit dem Ritual wird nicht nur eine jüdische Tradition begangen, sondern es erinnert die Teilnehmer auch an ihre innere Kraft.

Dies hat erstaunliche Ähnlichkeit mit dem, was die Stoiker ihre »innere Zitadelle« nennen – die Festung in uns, die kein äußerer Feind je erstürmen kann. Allerdings kommen wir nicht mit einer solchen Anlage zur Welt: Wir müssen sie selbst aufbauen und erhalten. In guten Zeiten stärken wir uns und unseren Körper, um uns in schwierigen Zeiten darauf verlassen zu können. Wir schützen unsere innere Festung, damit sie uns schützt.

Für Roosevelt war das Leben ein Stadion und er war der Gladiator. Um zu überleben, musste er stark, zäh, mutig und zu allem bereit sein. Und um diese Widerstandsfähigkeit zu entwickeln, war er bereit, schwere gesundheitliche Konsequenzen zu riskieren und große Anstrengungen auf sich zu nehmen.

Sie sind besser beraten, sich selbst abzuhärten, als zu versuchen, einer Welt den Zahn zu ziehen, der Ihre Existenz bestenfalls gleichgültig ist. Egal, ob wir wie Roosevelt schwach zur Welt gekommen sind oder es uns momentan gut geht – wir sollten damit rechnen, dass der

Weg steil und steinig wird. Im Grunde sind wir alle in derselben Situation wie Roosevelt, jeder auf seine Weise.

Niemand kommt als Gladiator zur Welt. Niemand kommt mit einer inneren Zitadelle zur Welt. Wenn wir trotz aller möglichen Hindernisse unsere Ziele erreichen wollen, müssen wir diese Kraft trainieren.

Das erfordert Übung, genau wie der Umgang mit Hindernissen und Widerständen. Natürlich wäre es einfacher, sich zurückzulehnen und die Annehmlichkeiten des modernen Lebens zu genießen. Aber wenn wir uns vorbereiten, laufen wir weniger Gefahr, alles zu verlieren (vor allem nicht den Kopf), wenn etwas oder jemand plötzlich unsere Pläne durchkreuzt.

Es klingt wie ein Klischee, aber ein Mauerbogen wird stärker, wenn man ihn belastet: Das Gewicht verbindet die Steine, und nur dank dieser Spannung kann er das Gebäude tragen – eine großartige Metapher, wie ich finde.

Der Weg des geringsten Widerstands ist dagegen ein schlechter Lehrer. Wir können es uns nicht leisten, vor den Dingen zurückzuschrecken, die uns bedrohen. Wir dürfen nicht einfach davon ausgehen, dass wir schwach sind.

Können Sie akzeptieren, dass Sie allein sind? Haben Sie genug Kraft, um noch ein paar Runden durchzustehen, wenn es sein muss? Fühlen Sie sich wohl, wenn Sie vor Herausforderungen stehen? Empfinden Sie Ungewissheit als belastend? Wie reagieren Sie auf Druck von außen?

Denn all dem werden Sie begegnen. Niemand weiß, wann oder wie, aber dass es passiert, ist sicher. Und das

Leben wird eine Antwort von Ihnen verlangen. Sie entscheiden selbst, ob Sie ein aktives Leben führen wollen oder nicht. Deshalb sollten Sie sich auf die Konsequenzen vorbereiten.

Entscheidend dabei ist Ihre innere Festung. Die macht Sie nicht unbesiegbar, aber sie hilft Ihnen, wenn sich das Blatt wendet. Und das tut es immer.

RECHNEN SIE MIT DEM SCHLIMMSTEN

> Halte dich in der Zwischenzeit an die folgende Regel: Gib dem Unglück nicht nach, vertraue nicht auf den Wohlstand und beachte stets die Angewohnheit des Schicksals, sich so zu verhalten, wie es ihm gefällt.
>
> – SENECA

Bevor ein neues Produkt in den Handel kommt, ruft eine Geschäftsführerin ihre Mitarbeiter im Konferenzzimmer zusammen. Sie treten ein und nehmen am runden Tisch Platz. Sie bittet um Ruhe und beginnt: »Ich habe schlechte Nachrichten. Unser Produkt ist grandios gescheitert. Was ist da schiefgegangen?«

Wie bitte? Aber wir haben das Produkt doch noch nicht einmal vorgestellt?

Genau das ist der Punkt. Die Chefin nimmt eine Rückschau vor – aber im Vorhinein. Sie verwendet eine Methode des Psychologen Gary Klein, die als Premortem-Methode bekannt ist.

In einer Obduktion (engl. *post* mortem examination) untersuchen die Ärzte die Ursachen für den unerwarteten Tod eines Patienten, um daraus zu lernen und beim nächsten Mal unter ähnlichen Umständen besser reagieren zu können. Ähnliches kennt man auch in anderen Bereichen, wo man von Debriefing, Manöverkritik, Schlussbesprechung oder Feedbackrunde spricht. Aber egal, wie wir es nennen, der Gedanke dahinter ist derselbe: Wir blicken auf ein Projekt zurück und sehen uns an, wie es ihm ergangen ist.

Anders eine vorgezogene Obduktion. Hier überlegen wir schon im Voraus, lange bevor es losgeht, was alles schiefgehen könnte. Viel zu viele ehrgeizige Projekte scheitern aus vermeidbaren Gründen. Viel zu viele Menschen legen sich keinen Notfallplan zurecht, weil sie nicht wahrhaben wollen, dass etwas nicht nach ihren Wünschen laufen könnte.

Unsere Pläne haben meist wenig mit der Wirklichkeit zu tun. Nur selten bekommen wir das, was wir für uns beanspruchen. Aber das verdrängen wir regelmäßig, weshalb uns die Ereignisse immer wieder auf dem falschen Fuß erwischen.

Das ist lächerlich. Damit ist das Scheitern schon vorprogrammiert.

Niemand hat das besser zum Ausdruck gebracht als der ehemalige Box-Weltmeister Mike Tyson. In einem Interview, in dem es um seinen sportlichen Absturz und den Verlust seines Vermögens ging, sagte er: »Wenn du nicht bescheiden bist, dann bringt dir das Leben Bescheidenheit bei.«

Wenn nur mehr Menschen in entscheidenden Momenten ein Worst-Case-Szenario zur Hand gehabt hätten, dann wären Dinge wie die Dotcom-Blase, die Enron-Pleite, der 11. September, der Einmarsch in den Irak oder die Finanzkrise vielleicht vermeidbar gewesen. Wie viele Menschen wurden von der Pandemie auf dem falschen Fuß erwischt? Niemand wollte wahrhaben, was passieren könnte, und das Ergebnis? Eine Katastrophe. Doch trotz dieses furchtbaren Ereignisses sprachen viele naiv von einer »Rückkehr zur Normalität« – als sei das, was da geschehen war, nicht normal, als sei es noch nie passiert und könne nie wieder vorkommen.

Heute erfreut sich die Pre-Mortem-Analyse – der vorausschauende Rückblick – in Unternehmen zunehmender Beliebtheit, und das aus gutem Grund. Aber wie alle guten Ideen ist auch diese nicht neu. Erfunden wurde sie vielmehr von den Stoikern, die sie *premeditatio malorum* nannten, die Vorwegnahme des Bösen.

Ob Seneca reiste, Reden hielt oder als Konsul eine Maßnahme durchsetzen wollte – immer begann er damit, seinen Plan durchzuspielen. Im Kopf oder auf dem Papier überlegte er, was alles schief gehen oder die Durchführung vereiteln könnte: Ein Sturm könnte aufkommen, ein Kapitän erkranken, ein Schiff von Piraten überfallen werden. Das Publikum könnte johlen und pfeifen. Die Maßnahme könnte sich verzögern.

In einem Brief an einen Freund schrieb er: »Dem Weisen begegne[t] nichts wider Vermuten … [E]s geht ihm nicht alles, wie er es wollte, aber wie er sich's dachte; vor allem aber bedachte er, dass seinen Plänen etwas in den Weg treten könnte.« Folter, Krieg, Exil, Schiffbruch – an solche Dinge müsse man immer denken, so Seneca (das meiste davon kannte er aus eigener Erfahrung). Und mit Verweis auf einen großen Feldherrn schrieb er, für den Weisen sei es völlig unannehmbar, sich damit herauszureden, er habe nicht gedacht, dass das passieren könne.

Wenn etwas passieren kann, dann wird es auch passieren. Sind Sie bereit, wenn es Ihnen passiert?

Stets vorbereitet auf eine Störung, und diese Störungen immer in die eigenen Pläne einbeziehend. Auf den Erfolg genauso vorbereitet wie auf den Misserfolg. Und seien wir ehrlich, eine angenehme Überraschung ist immer besser als eine unangenehme.

Was ist wenn …?

Dann können wir …

Was ist wenn …?

Dann machen wir stattdessen einfach …

Was ist wenn …?

Kein Problem, dann können wir immer …

Und wenn sich gar nichts tun ließ, dann konnten die Stoiker eine Situation immer noch dazu nutzen, um etwas zu tun, was wir nur allzu oft versäumen: Sie konnten ihre Erwartungen korrigieren. Denn es kann passieren, dass es auf die Frage »Was ist wenn …?« nur eine einzige Antwort gibt: Es tut weh, aber wir werden es überleben. Wir werden es aushalten. Wir werden nicht daran zerbrechen.

Unser Leben unterliegt äußeren Faktoren, die wir nicht beeinflussen können. Versprechen werden gebrochen. Sie bekommen nicht, was Ihnen zusteht, auch wenn Sie es sich verdient haben. Nicht alles läuft so sauber und glatt wie die Planspiele an den Business Schools. »Bürgschaft, schon ist Unheil da«, so die Inschrift am Orakel von Delphi.

Seien Sie bescheiden. Seien Sie vorbereitet.

Jeder Plan, jedes Projekt muss Zugeständnisse an die Realität machen. Wir alle sind abhängig von anderen

Menschen. Nicht alle sind so zuverlässig wie Sie (obwohl Sie sich eingestehen müssen, dass Sie oft selbst Ihr ärgster Feind sind). Das bedeutet, dass die anderen Fehler machen und Ihre Pläne über den Haufen werfen – nicht immer, aber oft.

Wenn uns das jedes Mal aufs Neue überrascht, dann werden wir nicht glücklich, und es fällt uns immer schwerer, Fehlschläge wegzustecken und einen neuen Versuch zu unternehmen. Sicher ist nur eines: Irgendetwas geht immer schief. Und um die Folgen abzumildern, können wir nur eines tun: das Scheitern einkalkulieren. Denn die einzige Variable, auf die wir tatsächlich einen Einfluss haben, sind wir selbst.

Diese Erkenntnis wird in beliebten Redewendungen festgehalten:

> Hüte dich vor der Ruhe vor dem Sturm.
> Hoffen wir das Beste, erwarten wir das Schlimmste.
> Das Schlimmste kommt erst noch.
> Es geht bergab, ehe es bergauf geht.
> Es dauert immer länger als erwartet … selbst wenn man sich darauf schon eingestellt hat.

Vielleicht wird man Sie als Schwarzseher abstempeln. Na und? Es ist besser, schlechte Stimmung zu verbreiten, als auf dem falschen Fuß erwischt zu werden. Es ist besser zu überlegen, was alles passieren könnte, und Ihren Plan auf seine unvermeidlichen Schwachstellen abzuklopfen, um diese richtig wahrzunehmen und zu korrigieren oder sie einfach zu ertragen.

Wenn uns der Gedanke an Fehlschläge nicht schwerfällt, dann nur deshalb, weil wir keine Angst vor ihnen haben. Wir sind auf Gegenwind vorbereitet – die anderen sind es nicht. Das heißt, für uns ist ein Fehlschlag in Wirklichkeit eine Chance, ihn irgendwann wieder gutzumachen. Wir sind wie Läufer, die in den Bergen oder in Höhenluft trainieren, um Läufer zu schlagen, die davon ausgehen, dass die Strecke immer eben ist.

Vorausschauendes Denken macht die Dinge natürlich nicht einfacher. Aber wir stellen uns zumindest darauf ein, dass es so schwer wird, wie es dann tatsächlich wird.

Es ist definitiv besser, eine Lektion zu lernen, bevor es zu spät ist als danach (oft glauben wir, solche Lektionen seien nur für alle anderen wichtig … nun im Nachhinein nützen sie uns tatsächlich nichts mehr).

Wen wir vorausschauend denken, sehen wir die Vielfalt der möglichen Ergebnisse vorher und wissen, dass nicht alle gut sind (das ist selten der Fall). Und wir können uns auf alle einstellen. Wir wissen, dass alles schiefgehen könnte. Und jetzt können wir uns an die Arbeit machen.

Sie nehmen sich ein bestimmtes Ziel vor und investieren Geld, Zeit, und Beziehungen. Das Schlimmste, was Ihnen passieren kann, ist nicht, dass etwas schiefgeht, sondern dass Sie davon auf dem falschen Fuß erwischt werden. Warum? Weil ein unerwarteter Rückschlag entmutigt und schmerzt.

Aber wenn wir im Kopf durchgespielt haben, was alles schiefgehen kann, dann werden wir nicht auf dem falschen Fuß erwischt. Wenn wir auf Enttäuschungen vorbereitet sind, dann erleben wir keine. Wir haben die Kraft, sie auszuhalten. Wir lassen uns weniger leicht entmutigen, schrecken seltener vor den anstehenden Aufgaben zurück und machen weniger Fehler.

Wissen Sie, was besser ist, als Dinge im Kopf zu erschaffen? Dinge im wirklichen Leben zu erschaffen. Natürlich macht es mehr Spaß, etwas im Kopf aufzubauen, als es wieder einzureißen. Aber was hätte das für einen Zweck? Damit öffnen wir nur der Enttäuschung Tür und Tor. Illusionen sind wie Heftpflaster – sie tun erst weh, wenn sie abgerissen werden.

Wenn wir vorausschauend denken, haben wir Zeit, uns eine Verteidigung zurechtzulegen oder ein Problem ganz zu vermeiden. Wir sind darauf vorbereitet, dass wir vom Kurs abgebracht werden könnten, weil wir schon einen Rückweg geplant haben. Wir zerbrechen nicht, wenn die Dinge nicht so laufen wie geplant. Wenn wir mit dem Schlimmsten rechnen, können wir es ertragen.

Wir sind auf den Misserfolg genauso vorbereitet wie auf den Erfolg.

NEHMEN SIE IHR LOS AN

Den Willigen führt das Schicksal,
den Unwilligen reißt es mit sich fort.

– KLEANTHES

Im Jahr 1922 versuchte ein junger, hungriger Mann namens Ernest Hemingway, sich in Frankreich als Schriftsteller durchzuschlagen. Seine Frau Hadley machte sich auf den Weg zu einem Treffen mit ihm und einem bekannten Verleger und packte alle Manuskripte, die Hemingway in ihrer winzigen, ungeheizten Wohnung in Paris angesammelt hatte – Geschichten, Gedichte und einen unfertigen Roman – in ihre Tasche.

Als Hadley am Bahnhof Gare de Lyon umsteigen wollte, stellte sie fest, dass ihre Tasche weg war. Hatte jemand sie gestohlen? Hatte sie sie irgendwo liegen gelassen? Aber welche Rolle spielte das jetzt noch? Der Verlust war gewaltig und unerträglich. Die Arbeit vieler Jahre war auf einen Schlag unwiederbringlich verloren.

Natürlich wissen wir, wie die Geschichte weiterging, und vielleicht ahnen Sie auch, wie wichtig dieses »Hindernis« dabei wurde. Hemingway sollte einer der bedeutendsten Schriftsteller seiner Generation werden. Der Verlust zwang ihn, noch einmal von vorne anzufangen, und veranlasste ihn, seinen Stil neu zu erfinden.

Aber an diesen Punkt kommt man nicht *sofort.* »Ich nehme an, Sie haben vom Verlust meines Jugendwerks gehört?«, schrieb Hemingway in einem Brief an den Dichter Ezra Pound. »Sie würden wahrscheinlich sagen, ›gut so‹ und so weiter. Aber sagen Sie das bitte nicht zu mir. So weit bin ich noch nicht. Ich habe drei Jahre lang an diesem verdammten Zeug gearbeitet.«

Es ist bekannt, dass sich Vieles von dem, was uns verzweifeln lässt und wogegen wir uns wehren, am Ende als gut herausstellt. Es verändert uns, wir reagieren darauf. Doch das ändert nichts an den Tatsachen und am Leid.

Es ändert nichts daran, dass wir es erst einmal akzeptieren müssen, ehe wir reagieren, den nächsten Schritt gehen und das »Gute« erkennen können. Das braucht Zeit. Es ist kein Zuckerschlecken.

Hemingway brauchte eine Weile, um den Verlust zu akzeptieren, um »soweit zu sein«. Doch zu lange ließ er sich nicht Zeit. Ein paar Wochen später schrieb er schon wieder. Nach einigen Monaten war die Wunde nicht mehr ganz so frisch. Und ein paar Jahre darauf konnte er das Erlebnis in einer Kurzgeschichte verarbeiten. In dieser Geschichte sagt der Mann, der sein Manuskript verloren hat: »Ich sah schon, so klar wie man über das Wasser blickt, wenn der Sturm endet und ihn der Wind hinaus aufs Meer bläst, dass ich einen besseren Roman schreiben konnte.«

Der Skateboarder Tony Hawk begann seine Profilaufbahn mit vierzehn, im Grunde noch als Kind. Er war deutlich kleiner als die anderen Skater und hatte Schwierigkeiten, auf der Rampe Schwung zu bekommen. Das war frustrierend und unfair. Erst nachdem er akzeptiert hatte, dass er das, was den größeren Skatern so leicht fiel, einfach nicht schaffte, konnte er seine eigenen Methoden erfinden und lernte, über den Rand der Halfpipe hinauszuspringen.

Mit dieser kleinen Erfindung stellte er nicht nur gerechte Wettbewerbsbedingungen her. Er revolutionierte den gesamten Sport.

Es fühlt sich nicht immer so an, aber Zwänge im Leben sind eine gute Sache. Vor allem, wenn wir sie akzeptieren und uns von ihnen leiten lassen können. Sie bringen uns dazu, Dinge zu tun und Fähigkeiten zu entwickeln, die wir sonst nie angestrebt hätten. Würden wir lieber alles haben? Sicher, aber das liegt nicht in unserer Hand.

Wenn Menschen einen ihrer Sinne verlieren, werden die anderen oft schärfer. Das sagt sich so leicht, aber stellen Sie sich vor, was es für Thomas Edison bedeutete, als Junge das Gehör zu verlieren. Oder was es für Helen Keller bedeutete, nicht hören und sehen zu können. Sie rangen mit dem grausamen Verlust, mussten sich damit arrangieren und dann mutig ohne diese Sinne durchs Leben gehen.

Akzeptanz erscheint uns oft wie Resignation, vor allem wenn wir jung, ehrgeizig und entschlossen sind.

Ich kann nicht einfach aufgeben! Ich will kämpfen!

Sie wissen, dass Sie nicht der Einzige sind, der Dinge akzeptieren muss, die ihm nicht gefallen, oder? Das gehört zum Leben dazu.

Wenn ein Bekannter eine rote Ampel persönlich nehmen würde, dann würden Sie ihn wahrscheinlich für verrückt halten. Wenn Sie jemanden kennenlernen würden, der sich gegen die Schwerkraft oder den Sonnenuntergang wehrt, hätten Sie Mitleid mit ihm.

Das Leben stellt uns vor Tatsachen, die unvermeidlich sind und sich nicht ändern lassen. Es sagt uns, dass es hier nicht weitergeht. Dass eine Kreuzung gesperrt ist, oder dass eine Straße über einen weiten Umweg umgeleitet wird. Das Problem lässt sich nicht wegdiskutieren oder wegbrüllen. Wir müssen es ganz einfach akzeptieren.

Was nicht bedeutet, dass wir uns deshalb von unserem Ziel abbringen lassen. Wir müssen nur einen anderen Weg nehmen, und vielleicht brauchen wir ein bisschen länger.

Wenn ein Arzt Ihnen eine Diagnose stellt oder Anweisungen gibt und diese Ihren Vorstellungen widersprechen – was tun Sie dann? Sie akzeptieren es. Eine Behandlung muss Ihnen nicht gefallen, aber wenn Sie sich ihr verweigern, dann werden Sie eben nicht gesund.

Nachdem Sie sich bewusst gemacht haben, was Sie in der Hand haben und was nicht (*ta eph'hemin, ta ouk eph'hemin*), und Ihnen auch klar ist, dass Sie daran nichts ändern können, haben Sie nur eine Möglichkeit: Nehmen Sie es hin.

Der Schuss ging daneben.

Die Aktie ist auf null gefallen.

Das Wetter hat die Lieferung behindert.

Sprechen Sie mir nach: *C'est la vie. So ist das Leben. Alles ist gut.*

Sie müssen etwas nicht mögen, um es zu beherrschen oder zu Ihrem Vorteil zu nutzen. Wenn sich die Ursache eines Problems unserem Einfluss entzieht, dann sind wir gut beraten, es zu akzeptieren und loszulassen. Nicht dagegen anzukämpfen, sondern uns damit zu arrangieren. Die Stoiker hatten einen schönen Namen für diese Haltung: Sie nannten es die Kunst der Fügung.

Um es ganz deutlich zu sagen: Sich zu fügen hat nichts mit Aufgeben zu tun. Hier hilft Handeln nicht weiter – diese Dinge lassen sich nicht ändern, indem wir etwas tun. Es ist einfach, sich auszumalen, wie die Dinge sein *sollten*. Aber um sie so zu akzeptieren, wie sie sind, sind Zähigkeit, Bescheidenheit und Wille erforderlich. Es verlangt uns alles ab, etwas Unabänderliches zu akzeptieren.

Auch äußere Ereignisse können wir nutzen, denn wir können Sie umdrehen und zu unserem Vorteil verwenden. Sie können uns etwas lehren, was wir andernfalls nur ungern lernen würden.

Ein schönes Beispiel dafür ist Phil Jackson, einer der erfolgreichsten Basketballtrainer aller Zeiten. Im Jahr 2006 wurde er von einer langwierigen Hüftverletzung eingeholt, und nach der Operation war seine Bewegungsfähigkeit stark eingeschränkt. Nun saß er auf einem Stühlchen über den Spielern und konnte nicht mehr wie früher an der Seitenlinie auf und ab rennen und seinen Spielern Anweisungen zubrüllen. Anfangs war Jackson in Sorge, dass das die Kommunikation mit der Mannschaft beeinträchtigen würde. Aber das Gegenteil war der Fall: Von seiner höheren Warte aus hatte er mehr Autorität. Er lernte, sich durchzusetzen, ohne die Spieler anzuschreien, wie er dies früher getan hatte. Aber um in den Genuss der unverhofften Vorteile zu kommen, müssen wir erst den unerwünschten Preis bezahlen – auch wenn uns das nicht schmeckt.

Leider sind wir oft zu gierig dazu. Wir malen uns lieber Situationen aus, die uns besser gefallen würden. Wir stellen uns vor, was wir lieber hätten. Nur selten denken wir darüber nach, wie viel schlimmer eine Situation sein könnte. Und eine Situation könnte immer noch viel schlimmer sein. Denken Sie daran:

- *Sie haben Geld verloren?*
  Seien Sie dankbar, dass Sie keinen Freund verloren haben.
- *Sie haben Ihren Job verloren?*
  Was, wenn Sie ein Bein verloren hätten?
- *Sie haben Ihr Haus verloren?*
  Sie hätten *alles* verlieren können.

Aber wir klagen über das, was uns genommen wurde. Statt dankbar zu sein für das, was wir noch haben.

Zum Teil ist diese Überheblichkeit, zu glauben, dass wir alles beherrschen können, neu. In einer Welt, in der wir innerhalb von Nanosekunden Dokumente um die ganze Welt schicken, in Videokonferenzen mit jedem Menschen auf dem Planeten kommunizieren, in 10.000 Metern Höhe mit 1000 Stundenkilometern reisen und das Wetter bis auf die Minute genau vorhersagen können, ist es leicht sich einzubilden, dass die Natur bezähmt ist und alles sich nach unseren Wünschen richtet. Doch das ist ein Irrtum. Wir haben nichts erobert. Die Welt ist viel mächtiger als wir.

Die Menschen haben nicht schon immer in diesem Irrglauben gelebt. In der Antike (und nicht nur damals) verwendete man das Wort »Schicksal« viel häufiger als heute, denn damals waren die Menschen vertrauter damit und erlebten am eigenen Leib, wie launisch und willkürlich die Welt sein konnte. Ereignisse galten als der »Wille Gottes«. Die Schicksalsgöttinnen waren Kräfte, die das Leben und die Geschicke der Menschen lenkten, ohne sich für deren Pläne zu interessieren.

Briefe unterzeichnete man mit Formeln wie »deo volente« – so Gott will. Denn wer wusste schon, was passieren würde?

Erinnern wir uns an George Washington, der alles auf die Karte der Revolution setzte und dann sagte: »Was passiert, ist in Gottes Hand.« Oder den Weltkriegsgeneral Eisenhower, der am Vorabend der Invasion in Sizilien in einem Brief an seine Frau schrieb: »Wir haben alles getan, was wir konnten, die Truppen sind bereit und jeder tut, was er kann. Jetzt liegt die Antwort in der Hand der Götter.« Das sind keine Menschen, die die Hände in den Schoß legen und die Einzelheiten anderen überlassen – aber sie wussten, dass sie den Lauf der Dinge nicht in der Hand hatten. Und in diesem Wissen handelten sie.

Wir sollten bescheiden und flexibel genug sein, um anzuerkennen, dass es uns genauso geht. Es kann immer etwas passieren, das unsere Pläne durchkreuzt. Wie das Sprichwort sagt: »Der Mensch denkt und Gott lenkt.«

Wie es das Schicksal so wollte.
Da sei Gott vor.
Das verhüte der Himmel.
Murphy's Law.

Egal, welche Sicht Sie vorziehen, es bleibt sich gleich. Nicht, dass sich seit der Antike viel geändert hätte – früher waren sich die Menschen dessen nur bewusster.

Wir reden gern davon, dass das Leben ein Spiel ist. Aber das bedeutet auch, dass wir mit den Karten spielen müssen, die wir bekommen. Dass wir den Ball von da aus schlagen, wo er liegt, wie der Golfer sagt. Doch um das zu tun, muss man zunächst akzeptieren. Und je schneller man das schafft, um so besser spielt man.

So wie das Leben ist, gibt es Ihnen genug, an dem Sie sich abarbeiten können, und genug Platz, um Ihren Fußabdruck zu hinterlassen. Wenn Sie Menschen und Ereignisse so nehmen, wie sie sind, haben Sie genug Material. Folgen Sie dem Fluss der Ereignisse wie der Bach, der den Berg hinabfließt – irgendwann kommt er immer unten an, oder?

Weil Sie a) zäh und widerstandsfähig genug sind, um mit allen Wendungen umzugehen, b) sowieso nichts daran ändern können und c) genug vom großen Ganzen sehen, um zu erkennen, dass alles, was Sie akzeptieren müssen, nicht mehr ist als ein kleiner Stolperstein auf dem Weg zu Ihrem Ziel.

Wir nehmen es mit Gleichmut, und das ist keine Schwäche.

Wie Francis Bacon einmal sagte: »Um die Natur zu beherrschen, muss man ihr gehorchen.«

LIEBEN SIE ALLES, WAS IHNEN PASSIERT

> Meine Formel für die Größe am Menschen ist amor fati: dass man nichts anders haben will, vorwärts nicht, rückwärts nicht, in alle Ewigkeit nicht. Das Notwendige nicht bloß ertragen, noch weniger verhehlen …, sondern es lieben.
>
> – Friedrich Nietzsche

Als Thomas Alva Edison 67 Jahre alt war, kam er einmal früh von einem langen Tag im Labor nach Hause. Kurz nach dem Abendessen klopfte ein Mann mit einer dringenden Nachricht an die Tür: In seiner Forschungs- und Produktionsstätte, die ein paar Kilometer entfernt lag, sei ein Feuer ausgebrochen.

Aus acht Nachbargemeinden rasten die Feuerwehren heran, doch sie waren nicht in der Lage, das Feuer unter Kontrolle zu bekommen. Angeheizt von exotischen Chemikalien in den verschiedenen Gebäuden loderten die grünen und gelben Flammen bis zu sieben Stockwerke hoch in den Himmel und drohten, Edisons gesamtes Lebenswerk zu zerstören.

Ruhig eilte Edison zu dem Brandherd und drängte sich durch die vielen hundert Zuschauer und entsetzten Mitarbeiter, um seinen Sohn zu suchen. Als er ihn endlich gefunden hatte, rief er in kindlicher Begeisterung: »Hol deine Mutter und ihre Freundinnen! So ein Feuer werden sie nie wieder sehen!«

Wie bitte?

Keine Sorge, sagte Edison beruhigend. »Es ist in Ordnung. Wir sind gerade eine Menge Gerümpel losgeworden.«

Eine erstaunliche Reaktion. Aber wenn Sie mal darüber nachdenken, war das die einzig mögliche Reaktion.

Was hätte Edison denn sonst tun sollen? Weinen? Toben? Weglaufen?

Was hätte er denn damit erreicht?

Sie kennen die Antwort inzwischen: gar nichts. Also verschwendete er seine Zeit nicht auf Selbstmitleid. Wer Großes erreichen will, muss Tragödien und Rückschläge in Kauf nehmen. Wir müssen lieben, was wir tun, und alles, was damit zusammenhängt, ob es gut oder schlecht ist. Wir müssen lernen, in jedem Ereignis Freude zu finden.

Natürlich befand sich in Edisons Gebäuden mehr als »eine Menge Gerümpel«. Unbezahlbare, über Jahre entstandene Aufzeichnungen, Prototypen und Forschungsergebnisse wurden zu Asche. Die Gebäude, angeblich aus feuersicherem Beton, waren zudem schlecht versichert. Weil Edison und seine Investoren glaubten, Sie seien gegen solche Katastrophen gefeit, deckte die Versicherung lediglich ein Drittel des Schadens.

Als er die Flammen betrachtete, wurde er an Kiplings Ausspruch erinnert, nach dem Triumph und Katastrophe gleich zu behandeln seien. Er hatte unglaublichen Erfolg erlebt. Jetzt sah er sich erneut mit Misserfolg, Verlust und Kummer konfrontiert. Aber er beschloss, sich davon beflügeln zu lassen. Wie er einem Journalisten tags darauf erklärte, sei er noch nicht zu alt für einen Neuanfang. »Ich habe schon viel von dieser Art erlebt. Da leidet man wenigstens nicht unter Langeweile.«

Drei Wochen später war die Fabrik teilweise wiederaufgebaut und hatte die Produktion wieder aufgenommen. Und schon einen Monat später arbeiteten die Mitarbeiter in Sonderschichten, um neue Produkte herzustellen, die die Welt bis dahin noch nicht gesehen hatte. Obwohl er mehr als eine Million Dollar verloren hatte (in heutigem Wert etwa 31 Millionen Dollar), brachte es Edison in diesem Jahr noch auf einen Ertrag von fast 10 Millionen (heute mehr als 300 Millionen). Er erlebte eine beispiellose Katastrophe, aber er verwandelte sie in einen spektakulären letzten Akt.

Wenn wir uns von unseren Erwartungen verabschiedet haben, unser Los akzeptieren und verstehen, dass wir manche Dinge nicht beeinflussen können, folgt ein nächster Schritt: Wir lieben alles, was uns widerfährt, und begegnen ihm mit Freude.

So machen wir das, was wir tun *müssen*, zu etwas, was wir tun *dürfen*.

Wir setzen unsere Kraft und unsere Gefühle da ein, wo sie wirklich etwas bewegen. Und das ist hier, an dieser Stelle. Wir sagen uns: *Das ist es, was ich tun oder ertragen muss? Warum sollte ich nicht damit glücklich sein?*

Denken Sie zum Beispiel an den großen Boxer Jack Johnson in seinem legendären Kampf gegen Jeff Jeffries, der über fünfzehn Runden ging. Jeffries, »die große weiße Hoffnung«, kam aus dem Ruhestand zurück wie ein wild gewordener Cincinnatus, um den aufstrebenden schwarzen Meister zu schlagen. Und Johnson, dem der Hass seines Gegners und des Publikums entgegenschlug, genoss jede Sekunde. Während des gesamten Kampfs lächelte er, machte Witze, und spielte mit seinem Gegner.

Warum auch nicht? Eine andere Reaktion hätte keinen Zweck gehabt. Sollte er diese Leute hassen, weil sie ihn hassten? Wenn sie verbittert sein wollten, dann sollten sie doch – Johnson würde es ihnen nicht nachmachen.

Aber er steckte die Beleidigungen nicht einfach ein. Stattdessen plante er seinen gesamten Kampf darum herum. Für jeden fiesen Spruch aus Jeffries' Ecke gab er seinem Gegner Prügel. Für jeden Trick und Kopfstoß von Jeffries stichelte und schlug er zurück, ohne sich je aus der Ruhe bringen zu lassen. Selbst als nach einem platzierten Schlag seine Lippe aufgeplatzt war, lächelte er – ein blutiges, aber fröhliches Lächeln. Mit jeder Runde wurde er zufriedener und freundlicher, während sein Gegner immer wütender und matter wurde und schließlich jeden Kampfeswillen verlor.

In Ihren schlimmsten Momenten können Sie an Johnson denken: immer gelassen, immer beherrscht, und ehrlich erfreut über die Gelegenheit, sich zu beweisen und dem Publikum eine Darbietung seiner Kunst zu geben, ob es ihm den Erfolg wünschte oder nicht. Jede

Bemerkung bekam die Antwort, die sie verdiente, und nicht mehr. Lass den Gegner doch sein eigenes Grab schaufeln. Am Ende lag Jeffries auf der Matte und Johnson hatte alle Zweifler zum Schweigen gebracht.

Der Romanschriftsteller Jack London, der damals im Publikum saß, schrieb:

> *Niemand versteht ihn, diesen lächelnden Mann. Die Geschichte dieses Kampfes ist die Geschichte eines Lächelns. Wenn je ein Boxer einen Kampf gewonnen hat, indem er seinen Gegner mit seinem Lächeln zermürbte, dann war das Johnson heute.*

Es gibt nichts Stärkeres als einen Mann, der nicht aufhört zu lächeln, der das Schlimmste einsteckt und es gelassen hinnimmt. Wir können uns bemühen, so zu sein, die Zähne nicht nur zusammenzubeißen, sondern sie mit einem breiten Grinsen zu zeigen.

Der Frust wird so auf die Menschen oder Hindernisse zurückgeworfen, die versuchen, uns zu frustrieren.

So wie es die Stoiker von sich erwarteten: Freude in allen Lebenslagen, vor allem den schwierigen. Wer weiß, woher Edison und Johnson dieses Motto kannten, auf jeden Fall beherzigten sie es.

Als Erstes lernen wir also, uns nicht über Dinge aufzuregen, die wir nicht beeinflussen können. Gleichmut und Akzeptanz sind sicher besser als Enttäuschung und Wut. Nur wenige Menschen beherrschen diese Kunst. Aber das ist erst der erste Schritt. Besser noch ist es, alles, was uns widerfährt, zu lieben.

Das Ziel ist:

- Nicht: *Ich kann damit leben.*
- Nicht: *Ich denke, ich könnte damit zufrieden sein.*
- Sondern: *Das gefällt mir.*

Denn wenn es passiert ist, dann musste es so kommen, und ich bin froh, dass es jetzt passiert ist. Ich soll das Beste daraus machen.

Und dann tun Sie genau das.

Wir haben keinen Einfluss darauf, was uns passiert, aber wir haben sehr wohl einen Einfluss darauf, wie wir damit umgehen. Und warum sollten wir uns freiwillig anders als gut fühlen? Wir haben die Wahl, gute Rechenschaft über uns selbst abzulegen. Wenn etwas passieren musste, dann ist die Antwort *amor fati*, die Liebe zum Schicksal.

Wir können uns Johnson und Edison zum Vorbild nehmen, denn sie reagierten nicht mit Tatenlosigkeit. Sie wendeten sich nicht einfach ab und steckten den Schlag ein. Sie akzeptierten, dass er sie traf. Sie freuten sich darüber.

Zugegeben, es scheint ein bisschen widersinnig, Dankbarkeit für Dinge zu empfinden, die wir eigentlich gar nicht wollten. Aber inzwischen kennen wir die Chancen und Vorteile, die Hindernisse mit sich bringen. Wir wissen, wenn wir sie überwinden, gehen wir gestärkt daraus hervor. Es gibt keinen Grund, die Freude aufzuschieben – und später widerwillig anzuerkennen, dass es doch zum Besten war, wenn wir das schon im Voraus fühlen konnten, weil es unvermeidlich war.

Sie lieben es, denn es ist Wasser auf Ihren Mühlen. Und diese Energie brauchen Sie. Ohne kommen Sie nicht weiter. Deshalb sind Sie dankbar dafür.

Was nicht heißt, dass alles immer nur gut ist. Oder dass es keinen Preis hat. Aber das Schlechte hat immer auch sein Gutes, auch wenn wir es zunächst kaum sehen.

Aber wir können es entdecken und uns freuen.

HALTEN SIE DURCH

> Jeder kann sich einer Krise stellen und einer niederschmetternden Tragödie mutig entgegentreten, aber den kleinen Gefahren des Alltags mit einem Lachen zu begegnen – ich glaube, das erfordert wirklich Mut.
>
> – Jean Webster

Nach zehn Jahren Krieg macht sich Odysseus auf den Weg von Troja nach Hause, nach Ithaka. Wenn er nur wüsste, was vor ihm liegt – noch einmal zehn Jahre Irrfahrt. Wenn er wüsste, dass er seiner Heimat, seiner Frau und seinem Sohn, so nahekommen würde, nur um wieder abgetrieben zu werden.

Dass er Stürmen, Versuchungen, Zyklopen, tödlichen Strudeln und sechsköpfigen Monstern trotzen würde. Oder dass er sieben Jahre lang gefangen sein und den Zorn des Poseidon zu spüren bekommen würde. Und dass zu Hause in Ithaka seine Rivalen nichts unversucht ließen, um sich sein Land und seine Frau unter den Nagel zu reißen.

Wie stand er das nur alles durch? Wie schaffte er es, trotz all dieser Hindernisse nach Hause zu kommen?

Mit Kreativität. Mit Klugheit, Führungskraft, Disziplin und Mut. Und vor allem: mit Durchhaltevermögen.

So stand Ulysses S. Grant vor Vicksburg und suchte nach einer Möglichkeit, über den Fluss zu gelangen und die Stadt einzunehmen. Das ist Hartnäckigkeit. Das war Odysseus vor den Toren Trojas, der alles Erdenkliche versuchte, bis ihm die Sache mit dem hölzernen Pferd einfiel. Hartnäckigkeit. Alle Kraft wird auf ein Problem gerichtet, bis es schließlich gelöst ist.

Aber eine zehnjährige Reise voller Irrungen und Wirrungen. Voller Enttäuschungen und Irrtümer. Eine Reise, auf der man täglich den Kurs prüft und versucht, dem Ziel ein paar Zentimeter näher zu kommen – und an deren Ende man von einem ganzen Sack neuer Probleme erwartet wird. Mit stählernem Willen und bereit, jede Strafe auf sich zu nehmen, die einem die Götter zugedacht haben, mit Mut und Sturheit, um nur nach Hause zu kommen. Das ist mehr als Hartnäckigkeit. Das ist Durchhaltevermögen.

Eine schwierige Amtszeit als Premierminister, das verlangt Hartnäckigkeit. Aber sieben Jahrzehnte klagloser Dienst, wie der von Queen Elizabeth II.? Das verlangt Durchhaltevermögen. Wenn Ulysses S. Grant versucht, das auf der anderen Seite des Flusses gelegene Vicksburg von den Konföderierten zurückzuerobern? Das ist Hartnäckigkeit. Wenn Edison mühsam jeden Faden ausprobiert, bis er die Glühbirne hergestellt hat? Auch das ist Hartnäckigkeit. Und wenn Grant sich aus Armut und Alkoholismus herauskämpft, im endlosen Bürgerkrieg furchtbare Schlachten schlägt, als Präsident die Nation wieder zusammenführt, nur um dann festzustellen, dass ihn ein Betrug an der Wall Street um sein gesamtes privates Vermögen gebracht hat und er dann, bereits an einer unheilbaren Krebserkrankung leidend, seine Memoiren schreibt, damit seine Familie nicht mittellos dasteht? Das ist Durchhaltevermögen.

Hartnäckigkeit besteht darin, ein Problem mit verbissener Entschlossenheit anzugehen und so lange auf es einzuhämmern, bis es geknackt ist. Viele Menschen sind hartnäckig. Aber Durchhaltevermögen verlangt noch mehr. Es ist ein langes Spiel. Es geht darum, was in der ersten Runde passiert, und dann in der zweiten und jeder weiteren Runde – und im nächsten Kampf, und in dem darauf, und so weiter.

Die deutsche Sprache kennt ein schönes Wort dafür: Sitzfleisch. Man ist erfolgreich, indem man sich einfach auf den Hosenboden setzt und nicht von der Stelle rührt, bis es durchgestanden ist.

Im Laufe eines Lebens stoßen wir nicht nur auf ein Hindernis, sondern auf viele. Was wir brauchen, ist kein kurzsichtiger Blick auf einen bestimmten Aspekt eines Problems, sondern die Entschlossenheit, an unser Ziel zu kommen, irgendwie, ohne uns aufhalten zu lassen.

Wir werden jedes Hindernis überwinden – und es werden viele sein –, bis wir ankommen. Hartnäckigkeit bedeutet Handeln. Durchhaltevermögen erfordert Willen. Ersteres ist eine Frage der Energie. Letzteres eine Frage des Stehvermögens.

Und natürlich gehören beide zusammen. Tennysons vollständiger Satz lautet:

Geschwächt von Zeit und Los, gestärkt im Willen,
zu streben, suchen, finden und nicht weichen.

Dranbleiben und durchhalten.

Im Laufe der Geschichte haben wir viele Strategien entwickelt, um die schier endlosen Probleme zu bewältigen, vor denen wir als Einzelne und als Gesellschaft stehen. Mal war die Lösung Technik, mal Gewalt, mal eine radikal neue Sichtweise, die alles auf den Kopf stellte.

Wir haben uns viele Beispiele dafür angesehen, aber eine Strategie war erfolgreicher und hat uns weitergebracht als alle anderen. Sie funktioniert in guten wie in schlechten Zeiten, in gefährlichen und scheinbar aussichtslosen Situationen.

Antonio Pigafetta, der Magellan auf seiner Weltumseglung begleitete, dachte einmal darüber nach, was wohl die größte und bewundernswerteste Fähigkeit seines Kapitäns gewesen sein könnte. Was meinen Sie, worauf er kam? Ein Tipp: Es hatte nichts mit Schiffsführung zu tun. Nach Ansicht von Pigafetta war Magellans Erfolgsgeheimnis seine Fähigkeit, Hunger besser zu ertragen als seine Männer. Aber natürlich war es auch seine Fähigkeit, unter Druck ruhig zu bleiben, eisige Kälte und sengende Hitze, Monotonie und Einsamkeit zu ertragen, Meutereien niederzuschlagen, Katastrophen zu nutzen, um sein Kommando zu festigen, zu lehren und zu lernen. Er war Shackleton vor Shackleton: Fortitudine vincimus. Durch Beharrlichkeit erobern wir.

In aller Welt scheitern mehr Projekte, weil der Wille versagt, als aus objektiven äußeren Ursachen.

Durchhaltevermögen. Zielstrebigkeit. Unbezähmbarer Wille. Das sind Eigenschaften, die einst Pioniere auszeichneten. Heute sind sie selten geworden. Wie Emerson 1841 schrieb:

> *Wenn unseren jungen Leuten der erste Versuch missglückt, verlieren sie allen Mut. Wenn ein junger Kaufmann scheitert, sagen die Leute: »Der Mann ist zu Grunde gegangen!« Wenn der begabteste Kopf, der an einer unserer Universitäten studiert hat, nicht ein Jahr später in einem Amt in Boston oder New York angestellt ist, so glauben er und seine Freunde, dass er ein Recht habe, sehr niedergeschlagen zu sein und sich sein Leben lang zu beklagen.*

Was würde Emerson wohl über uns sagen? Was würde er über Sie sagen?

Wir lamentieren und jammern und klagen, wenn etwas nicht so läuft, wie wir es uns vorgestellt haben. Wir sind am Boden zerstört, wenn ein Versprechen nicht eingelöst wird – so, als dürfte so etwas nicht vorkommen. Statt etwas zu unternehmen, hocken wir zu Hause herum und spielen Videospiele, reisen um die Welt oder zahlen für ein weiteres Studium. Und dann wundern wir uns, dass sich nichts ändert.

Wir wären besser beraten, Emersons Gegenbeispiel zu folgen. Jemand, der bereit ist, nicht nur eine Sache zu versuchen, sondern »der es der Reihe nach mit allen Professionen versucht, als Kutscher, Farmer, Hausierer, Schulmeister – der predigt, Zeitungen herausgibt, zuletzt Kongressmitglied wird und ein ganzes Stadtgebiet ankauft – und immer wie eine Katze auf die Füße fällt«.

Das ist Durchhaltevermögen. Und Emerson verspricht weiter, »dass Sie, sowie Sie Selbstvertrauen lernen, neue Kräfte entdecken werden«. Das Gute an echtem Durchhaltevermögen ist, dass es sich von nichts aufhalten lässt. Oder wie Beethoven sagte: »Es gibt keine Schranke, die dem strebsamen Talent oder Fleiß zurufen könnte: Bis hierher und nicht weiter!«

Wir können hintenrum, unten durch oder zurück. Wir können uns klarmachen, dass Schwung und Scheitern einander nicht ausschließen – aber wir können weitermachen und vorwärtsgehen, auch wenn es in einer Richtung nicht mehr weitergeht.

Unser Handeln lässt sich einschränken, unser Wille nicht. Unsere Pläne können zunichtegemacht werden, unsere Körper können versagen. Aber unser Glaube an uns selbst? Egal wie oft wir zurückgeworfen werden, wir allein entscheiden darüber, ob wir einen neuen Versuch unternehmen. Oder einen anderen Weg wählen. Oder zumindest diese Realität anerkennen und uns ein neues Ziel suchen.

Entschlossenheit ist unbesiegbar. Nichts als der Tod kann uns daran hindern, immer weiterzugehen.

Verzweifeln? Wer hat Zeit dazu? Wer kann es sich leisten? Zu viele Menschen zählen darauf, dass man weitermacht.

Wir haben keinen Einfluss darauf, welche Hindernisse uns den Weg versperren und wer sie dorthin legt. Aber wir haben einen Einfluss darauf, wie wir damit umgehen – und das ist genug.

Der wahre Feind der Entschlossenheit sind also nicht die Dinge, die uns zustoßen, sondern wir selbst. Aber warum sollten wir unser eigener Feind sein?

Bleiben Sie dran und halten Sie durch.

SUCHEN SIE NACH ETWAS, DAS GRÖSSER IST ALS SIE

> Die Aufgabe des Menschen besteht darin, nach Kräften alles zu tun, um die Welt besser zu machen (immer in dem Bewusstsein, dass das Ergebnis unendlich winzig sein wird) und sich um seine eigene Seele zu kümmern.
>
> – Leroy Percy

Im Jahr 1965 wurde über Nordvietnam ein amerikanischer Marineflieger namens James Stockdale abgeschossen. Während er an seinem Fallschirm nach unten segelte, dachte er darüber nach, was ihn dort wohl erwartete. Gefangenschaft? Sicher. Folter? Wahrscheinlich. Tod. Möglich. Wer weiß, wie viel Zeit vergehen würde, bis er seine Familie und seine Heimat wiedersehen würde.

Aber in dem Moment, in dem Stockdale die Füße auf den Boden setzte, endeten diese Überlegungen. Er konnte nicht mehr an sich denken. Er hatte einen Auftrag.

Während des Koreakriegs ein Jahrzehnt zuvor hatte der Überlebenswille des Einzelnen seine hässliche Fratze gezeigt. In den eisigen Lagern hatte jeder der Kriegsgefangenen für sich allein gekämpft. Die Todesangst war so stark, dass sich manche Gefangenen untereinander bekämpften und sich sogar gegenseitig umbrachten, um selbst am Leben zu bleiben, statt sich gegen ihre Wächter zu verbünden, um gemeinsam zu überleben oder sich zu befreien.

Stockdale war Geschwader-Kommandant und wusste, dass er der ranghöchste Marineoffizier sein würde, der den Nordvietnamesen jemals in die Hände gefallen war. Er wusste, dass er nichts an seinem Schicksal ändern konnte. Aber als Kommandant konnte er seinen Mitgefangenen (darunter auch der künftige Senator und Präsidentschaftskandidat John McCain) Führung und Halt geben. Auf diese Situation hatte er sehr wohl einen Einfluss, und er konnte dafür sorgen, dass sich die Geschichte nicht wiederholte. Das sollte seine Mission sein, er würde seinen Männern helfen und sie führen. Und genau das tat er während der folgenden sieben Jahre, von denen er zwei mit Fußketten und in Einzelhaft verbrachte.

Stockdale nahm seine Verantwortung als Kommandant nicht auf die leichte Schulter. Einmal ging er so weit, einen Selbstmordversuch zu unternehmen – nicht, um seinem Leiden zu entkommen, sondern um den Wachen eine Botschaft zu vermitteln. Andere Soldaten hatten im Krieg ihr Leben gegeben. Er wollte sie und ihr Opfer nicht beleidigen, indem er die gemeinsame Sache verriet. Er wollte sich eher selbst Schmerzen zufügen, als zum Leid der anderen beizutragen. Er erwies sich standhaft gegen jede Folter, die ihm seine Wächter androhten.

Aber er war auch nur ein Mensch. Und er verstand, dass auch seine Männer nur Menschen waren. Deshalb verabschiedete er sich zuallererst von allen idealistischen Vorstellungen darüber, was passiert, wenn ein Soldat unter stundenlanger Folter Informationen preisgeben soll. Also schuf er im Lager ein Unterstützernetzwerk, um Soldaten zu helfen, die sich schämten, weil sie den Misshandlungen nicht standgehalten hatten. *Wir ziehen alle an einem Strang*, sagte er ihnen. Er gab ihnen eine Losung mit, an die sie immer denken sollten: US, Unity over Self – das Wir steht über dem Ich.

Ähnlich verhielt sich John McCain in seiner nahen Zelle, und wie Stockdale ließ er unbeschreibliche Foltern über sich ergehen. Um McCain und die ehrwürdige militärische Tradition seiner Familie und der Vereinigten Staaten in Verruf zu bringen, boten die Vietcong ihm wiederholt an, nach Hause zu gehen und seine Mithäftlinge zurückzulassen. McCain lehnte die Sonderbehandlung ab. So sehr es in seinem eigenen Interesse gewesen wäre, er wollte der gemeinsamen Sache keinen Schaden zufügen. Also blieb er und ließ sich foltern – freiwillig.

Diese beiden Männer waren keine antikommunistischen Eiferer – sie hatten ihre eigenen Zweifel am Sinn des Vietnamkriegs. Aber ihre Sache waren ihre Männer. Sie kümmerten sich um ihre Mitgefangenen und zogen Kraft daraus, deren Wohl über das eigene zu stellen.

Wir wollen natürlich hoffen, dass Sie niemals in einem Kriegsgefangenenlager landen. Aber wir leben in unseren eigenen wirtschaftlich schwierigen Zeiten, und auch das kann sich manchmal schlimm anfühlen.

Sie sind jung, Sie können nichts für die Lage, das ist alles nicht Ihre Schuld. Wir wurden alle betrogen. Das macht es umso leichter, unser Selbstgefühl zu verlieren, ganz zu schweigen von unserem Gefühl für andere. Im stillen Kämmerlein zu denken: *Die anderen sind mit egal, ich will mein Schäflein ins Trockene bringen, ehe es zu spät ist.*

Das passiert umso schneller, wenn wir bemerken, dass sich auch die Führer und Vorbilder der Gesellschaft nicht um uns kümmern, wenn es eng wird. Aber achten Sie nicht darauf. In Momenten wie diesen können wir zeigen, aus welchem Holz wir wirklich geschnitzt sind.

Vor ein paar Jahren, mitten in der Finanzkrise, brachte der Musiker Henry Rollins unsere Verantwortung gegenüber unseren Mitmenschen so auf den Punkt:

> *Die Leute verlieren die Hoffnung. Sie zeigen sich nicht von ihrer besten Seite. Aber wir dürfen uns nie dazu herablassen, jemand zu werden, den wir selbst nicht ausstehen können. Es gibt keinen besseren Moment als jetzt, um Moral und gesellschaftliche Verantwortung zu zeigen. Einen moralischen und gesellschaftlichen Kompass zu haben. Das ist eine große Chance für Sie, für junge Menschen, heldenhaft zu handeln.*

Niemand verlangt von Ihnen, den Märtyrer zu spielen. Aber wenn wir uns um andere kümmern, ihnen helfen oder auch nur ein gutes Beispiel abgeben, dann werden unsere persönlichen Ängste und Nöte kleiner. Wenn wir nicht dauernd auf unsere Angst starren, ist sie nicht mehr so wichtig. Ein gemeinsames Ziel gibt uns Kraft.

Der Wunsch, Prinzipien über Bord zu werfen oder faule Kompromisse einzugehen, erscheint plötzlich egoistisch, wenn wir an die Menschen denken, die von unseren Entscheidungen betroffen sein könnten. Wenn Sie auf die Hindernisse auf Ihrem Weg mit Langweile, Hass, Frust oder Verwirrung reagieren, heißt das nicht, dass es allen so geht.

Wenn wir vor einem unlösbaren Problem stehen, können wir oft am ehesten neue Möglichkeiten und Handlungsspielräume eröffnen, wenn wir uns fragen: *Wenn ich das nicht für mich selbst lösen kann, wie kann ich zumindest dazu beitragen, dass diese Situation für andere erträglicher wird?* Gehen Sie einen Moment lang davon aus, dass Sie nichts mehr für sich selbst tun können. Wie können Sie diese Situation dann nutzen, um anderen zu helfen? Wie können Sie ihr noch etwas Gutes abgewinnen? *Wenn nicht für mich, dann wenigstens für meine Familie oder andere, die ich führe, oder die später in eine ähnliche Lage kommen könnten.*

Dagegen bringt es gar nichts, sich selbst in den Mittelpunkt zu stellen: *Warum ist das ausgerechnet mir passiert? Wie komme ich da wieder raus?*

Sie werden staunen, wie schnell die Hoffnungslosigkeit verfliegt, wenn Sie zu diesem Schluss kommen. Weil Sie jetzt etwas haben, was Sie tun können. Wie Stockdale haben Sie jetzt eine Mission. So schwierig die Lage erscheint, Sie haben einen Auftrag und können handeln.

Machen Sie die Dinge nicht noch schwieriger, indem Sie immer nur Ich, Ich, Ich denken. Stellen Sie nicht immer dieses gefährliche »Ich« an erste Stelle. Ich habe das gemacht. Ich war so schlau. Ich habe dies und jenes verloren. Ich habe Besseres verdient. Kein Wunder, dass Sie Verluste persönlich nehmen, kein Wunder, dass Sie sich so einsam fühlen. Sie überschätzen Ihre Rolle und Ihre Bedeutung.

Denken Sie lieber: Das Wir steht über dem Ich. Wir ziehen alle an einem Strang.

Wir werden die Last nicht allein schultern können, aber wir können unser Scherflein beitragen und das schwere Ende anpacken. Wir können anderen helfen. Wir können uns helfen, indem wir anderen helfen. Wir können besser werden und Sinn finden.

Was immer Sie gerade durchmachen, was immer Ihnen im Weg steht und Sie behindert, Sie können es in eine Quelle der Kraft verwandeln – indem Sie an andere Menschen denken, und nicht an sich selbst. Sie haben gar keine Zeit, an Ihr eigenes Leid zu denken, weil auch andere Menschen leiden und Sie sich um diese kümmern.

Stolz lässt sich brechen. Zähigkeit hat ihre Grenzen. Aber der Wunsch zu helfen? Keine Härte, kein Mangel, keine Mühe sollte unserem Mitgefühl mit anderen im Weg stehen. Mitgefühl ist immer eine Option. Genau wie Solidarität. Das ist die Willenskraft, die uns niemand nehmen kann, und die wir nur selbst aufgeben können.

Tun wir nicht länger so, als würde uns gerade etwas Besonderes oder besonders Unfaires zustoßen. Egal, was unser Problem sein mag, und egal, wie schwierig unsere Lage ist – es ist kein einmaliges Unglück, das ganz speziell für uns ausgewählt wurde. Es ist einfach das, was es ist.

In unserer Kurzsichtigkeit glauben wir, dass wir der Nabel der Welt sind. Doch damit schaden wir uns nur.

Denn in Wirklichkeit gibt es jenseits unserer persönlichen Erfahrung eine ganze Welt voller Menschen, die mit Schlimmerem fertig geworden sind. Wir sind nichts Besonderes oder Einmaliges, nur weil wir sind. Jedem von uns passieren irgendwann im Leben willkürliche und sinnlose Dinge.

Wenn wir daran denken, können wir ein bisschen selbstloser werden.

Denken Sie immer daran, dass vor zehn, hundert oder tausend Jahren jemand wie Sie an genau derselben Stelle stand, genau dieselben Gefühle empfand und genau dieselben Gedanken dachte wie Sie. Er oder sie hatte keine Ahnung, dass Sie jemals existieren würden, aber Sie wissen, dass es ihn oder sie gab. Und in zehn oder hundert Jahren wird wieder jemand an genau Ihrer Stelle stehen.

Nutzen Sie diese Macht, und das Bewusstsein, Teil eines größeren Ganzen zu sein. Es ist ein befreiender Gedanke. Lassen Sie ihn zu. Wir sind alle nur Menschen und tun, was wir können. Wir versuchen alle nur zu überleben und dabei die Welt einen Millimeter voranzubringen.

Helfen Sie Ihren Mitmenschen zu überleben und ihre Hindernisse zu überwinden, tragen Sie Ihr winziges Scherflein zum Universum bei, ehe es Sie verschluckt, und seien Sie damit zufrieden. Greifen Sie anderen unter die Arme. Wenn Sie für andere stark sind, werden Sie selbst stärker.

DENKEN SIE DARAN, DASS SIE STERBLICH SIND

> Zu wissen, dass man in vierzehn Tagen gehängt werden soll, schärft die Gedanken auf wunderbare Weise.
>
> – Samuel Johnson

Ende 1569 verletzte sich ein französischer Adeliger namens Michel de Montaigne beim Sturz von einem galoppierenden Pferd so schwer, dass er schon sein Ende nahen sah. Während seine Freunde ihn blutüberströmt ins Haus trugen, sah Montaigne, wie sich seine Seele vom Körper ablöste und leicht wie eine Elfe auf seinen Lippen tanzte. Erst im letzten Moment kehrte sie wieder zurück.

Diese außergewöhnliche Erfahrung war ein Wendepunkt in Montaignes Leben. Wenige Jahre später war er einer der berühmtesten Autoren in ganz Europa. Nach seinem Unfall schrieb Montaigne seine berühmten Essais, war vier Jahre lang Bürgermeister, reiste als Diplomat durch verschiedene Länder und diente als Vertrauter des Königs.

Diese Geschichte ist uralt. Jemand entrinnt nur knapp dem Tod, zieht Bilanz und geht als völlig neuer und besserer Mensch aus der Erfahrung hervor.

So auch Montaigne. Die Begegnung mit dem Tod beflügelte ihn und machte ihn neugierig. Er fürchtete den Tod nicht mehr – ihm in die Augen gesehen zu haben, war befreiend und sogar belebend.

Der Tod macht das Leben nicht absurd, sondern verleiht ihm im Gegenteil Sinn. Aber glücklicherweise braucht es keine Nahtoderfahrung, um seine Energie zu nutzen.

In Montaignes Texten finden wir den Beweis, dass man über den Tod nachdenken und sich seiner Sterblichkeit bewusst sein kann, ohne ein morbider Schwarzmaler zu sein. Im Gegenteil, dem Erlebnis verdankte er ein einmalig spielerisches Verhältnis zum Leben und ein Gefühl der Klarheit und Begeisterung, das ihn nicht mehr verließ. Das macht Mut: Es bedeutet, dass es uns Freude und Kraft verleiht, die Vergänglichkeit unseres Lebens zu akzeptieren.

Unsere Angst vor dem Tod ist ein Hindernis in unserem Leben. Sie bestimmt unsere Entscheidungen, Ansichten und Handlungen.

Montaigne konnte dagegen für den Rest seines Lebens über diesen Moment reflektieren und seine Begegnung mit dem Tod so gut es ging rekonstruieren. Er beschäftigte sich mit dem Tod, erörterte ihn und lernte, was er in anderen Kulturen bedeutete. So schrieb er einmal von einem antiken Trinkspiel, in dem die Teilnehmer reihum die Zeichnung einer Leiche in einem Sarg hochhielten und ihm zuprosteten: »Trink und sei fröhlich, denn wenn du tot bist, siehst du so aus.«

Wie der alternde William Shakespeare wenige Jahre später in *Der Sturm* schrieb: »Jeder dritte Gedanke mein Grab«.

Jede Kultur lehrte diese Lektion auf eigene Weise. *Memento mori*, erinnerten sich die Römer: Bedenke, dass du sterblich bist.

Es klingt sonderbar, dass wir das vergessen könnten oder daran erinnert werden müssten, doch genau so ist es.

Wenn es uns so schwerfällt, unsere Sterblichkeit zu akzeptieren, dann auch deshalb, weil wir so eine verquere Beziehung zum Leben haben. Auch wenn wir das nicht so sagen würden, leben und handeln wir, als wären wir unsterblich und über alle Nöte des Lebens erhaben. *Das passiert nur anderen, aber doch nicht MIR. Ich habe noch viel Zeit.*

Wir vergessen, wie leicht uns das Leben entgleitet.

Sonst würden wir wohl kaum so viel Zeit darauf verschwenden, uns in Belanglosigkeiten hineinzusteigern, dem Ruhm nachzujagen, immer mehr Geld verdienen zu wollen oder Pläne für die ferne Zukunft zu schmieden. Hinter all dem steckt die Annahme, dass uns der Tod nicht treffen wird, oder zumindest erst, wenn wir so weit sind. Aber wie der englische Dichter Thomas Gray schrieb: »Die Wege des Ruhms führen auch nur ins Grab.«

Ohne Ausnahme. Es ist egal, wer Sie sind und wie viel Sie noch zu tun haben – irgendwo da draußen ist irgendjemand, der Sie für ein Crack-Pfeifchen um die Ecke bringt. Oder Sie kommen unter's Auto. Das war's dann. Aus und vorbei. Heute, morgen, oder schon bald.

Die meisten Menschen stellen sich irgendwann die Frage: *Was würde ich an meinem Leben ändern, wenn mir ein Arzt sagt, dass ich Krebs habe?* Nachdem wir uns eine Antwort überlegt haben, trösten wir uns unweigerlich mit derselben Lüge: *Aber zum Glück habe ich ja keinen Krebs.*

Aber das stimmt nicht. Das Todesurteil ist gesprochen. Der Arzt wusste, dass Ihre Tage gezählt waren, sobald Sie den Mutterleib verließen. Egal wie alt Sie heute sind, wird mit jedem Tag die Wahrscheinlichkeit kleiner, dass Sie morgen noch am Leben sind. Es kommt etwas auf Sie zu, und Sie können es nicht aufhalten. Seien Sie bereit, wenn der Tag kommt.

Einiges haben wir selbst in der Hand, anderes nicht. Der Tod gehört nicht dazu. Wir können auf unsere Ernährung achten und leichtsinnige Dummheiten vermeiden, aber darüber hinaus haben wir keine Kontrolle darüber, wie lange wir noch da sind oder was unserem Leben ein Ende bereiten wird.

Das Bewusstsein um unsere Sterblichkeit kann Klarheit schaffen und ein Gefühl der Dringlichkeit herstellen. Es muss nicht deprimierend wirken. Es kann uns beleben. Statt unsere Sterblichkeit zu leugnen oder, schlimmer noch, sie zu fürchten, können wir sie bejahen.

Wenn wir uns jeden Tag daran erinnern, dass wir sterben werden, können wir unsere Zeit als Geschenk begreifen. Wenn ein Abgabetermin drängt, versuchen wir nicht das Unmögliche und verschwenden unsere Zeit nicht mit Gejammere darüber, dass nicht alles nach unserer Nase läuft. Wir betrachten Menschen nicht mehr als selbstverständlich, sondern sind dankbar für alles.

Machen wir uns klar, was zu tun ist, und tun so viel wie möglich, ehe die Uhr abläuft. Und dann sagen wir: *Natürlich hätte ich gern noch ein bisschen mehr Zeit ge-*

habt. Aber ich habe aus dem, was ich hatte, das meiste gemacht, und das tut's auch.

Keine Frage: Der Tod ist das größte aller Hindernisse. Er ist das Hindernis, an dem wir am wenigsten ändern können. Im besten Fall können wir ihn ein wenig aufschieben, aber am Ende erliegen wir ihm trotzdem.

Was nicht heißt, dass wir nicht von ihm profitieren können, während wir noch leben. Im Schatten des Todes fällt es leichter, Prioritäten zu setzen, Güte zu zeigen, Dankbarkeit zu empfinden und Prinzipien zu vertreten. Er hilft uns, die Dinge im rechten Licht zu sehen. Warum sollte man das Falsche tun? Warum Angst haben? Warum sich selbst und andere enttäuschen? Das Leben ist kurz, und der Tod mahnt uns, es besser richtig zu leben.

Wir können lernen, uns auf den Tod – diese letzte und demütigendste Tatsache des Lebens – einzustellen und mit ihm zu arrangieren, und wir können Trost darin finden, dass dagegen eigentlich alles andere eine Kleinigkeit ist.

Wenn also selbst unsere Sterblichkeit einen Nutzen haben kann, wie sollten wir dann nicht jedem anderen Hindernis auf unserem Weg etwas Gutes abgewinnen können?

BEGINNEN SIE VON VORN

> Lebet im Glück – euch brachte das Schicksal
> bereits die Erfüllung!
> Uns indessen, uns fordern Verhängnisse
> wieder und wieder.
>
> – Vergil

Die Naturgesetze besagen, dass es nie aufhört. Es gibt kein Ende. Gerade wenn Sie denken, dass Sie eine Hürde genommen haben, stehen Sie schon wieder vor der nächsten.

Aber das gibt dem Leben die Würze. Und wie Sie jetzt verstehen, eröffnet es uns außerdem Möglichkeiten.

Das Leben ist eine Abfolge von Hürden, die wir überwinden müssen. Mit jeder Hürde lernen wir etwas. Mit jeder Hürde werden wir stärker, klüger, weitsichtiger. Mit jeder Hürde dünnt die Konkurrenz weiter aus. Bis am Ende nur noch Sie übrig sind – in Ihrer besten Version.

Ein haitianisches Sprichwort lautet: Hinter jedem Berg kommt ein neuer.

Das Paradies ist ein Mythos. Es gibt nicht das eine Hindernis, das man überwinden muss, um in ein Land ohne Hindernisse zu kommen.

Im Gegenteil, je mehr wir erreichen, umso mehr Dinge stehen uns im Weg. Es gibt immer mehr Hürden, immer größere Herausforderungen. Wir kämpfen uns weiter bergauf, immer gegen den Wind. Gewöhnen Sie sich an den Gedanken und bereiten Sie sich entsprechend vor.

Das Leben ist ein Marathonlauf und keine Kurzstrecke. Teilen Sie sich Ihre Kräfte ein. Jeder Kampf ist nur einer von vielen, und Sie können ihn nutzen, um den nächsten leichter zu machen. Geben Sie sich vor allem keinen Illusionen hin.

Wenn Sie erfolgreich eine Hürde genommen haben, dann heißt das nur, dass Sie sich mehr davon verdient haben. Die Welt scheint sie Ihnen in den Weg zu stellen, sobald sie weiß, dass Sie es aushalten. Aber das ist in Ordnung, denn wir werden mit jedem Versuch besser.

Sie sind nie von der Rolle. Nie hektisch. Immer aktiv und kreativ. Immer gezielt und bewusst. Sie versuchen nie das Unmögliche – aber alles irgendwie Mögliche.

Sie wenden die Hindernisse, die Ihnen das Leben in den Weg stellt, indem Sie nicht trotzdem besser werden, sondern genau deshalb.

Und deshalb haben Sie keine Angst mehr. Sondern gehen voller Elan, Freude und Eifer der nächsten Runde entgegen.

SCHLUSSGEDANKEN

DAS HINDERNIS WIRD ZUM WEG

Gegen Ende seiner Herrschaft erhielt der alte und kranke Marc Aurel eine bestürzende Nachricht. Sein alter Freund und Vertrauter, der General Avidius Cassius, hatte in Syrien eine Rebellion gegen ihn angezettelt. Er hatte gehört, dass der Kaiser schwach und vielleicht schon tot sei, und hatte beschlossen, selbst den Thron zu beanspruchen und das Zepter gewaltsam an sich zu reißen.

Es war eine weitere Krise in knapp zwei Jahrzehnten endloser Widrigkeiten und einem Leben, das mehr Leid als Privilegien gekannt hatte. Überschwemmungen. Eine Pestepidemie. Ein kräftezehrendes Magenleiden. Jahre des Kriegs. Sechs Kinder hatte er begraben.

Irgendwann, während einer weiteren Totenklage, in einer weiteren Nacht fern der Heimat, als er die zahllosen Opfer von Pest und Krankheit beweinte, muss er sich doch gedacht haben: Ist es nicht endlich genug? Wann wird das alles aufhören? Was hat das alles für einen Sinn?

Marc hätte wütend sein können. Nicht nur auf Cassius sondern auf die Götter. Auf Fortuna, das Schicksal. Wie ein Historiker zu Beginn des dritten Jahrhunderts schrieb: »Er hatte nicht das Glück, das er verdiente, während fast seiner gesamten Herrschaft hatte er mit Schwierigkeiten zu kämpfen.« Die Geschichte hätte es ihm verziehen, wenn er sich an diesem Feind gerächt hätte, wenn er seine gesamte Wut und Enttäuschung an diesem Mann ausgelassen hätte, der ihn hintergangen hatte, und der sein Leben, seine Familie und sein Erbe in Gefahr brachte. Doch der Kaiser unternahm nichts und ging sogar so weit, die Nachricht vor seinen Soldaten geheim zu halten, weil diese sich vielleicht an seiner Stelle zu einer Antwort hätten provozieren lassen. Er wartete einfach ab, ob Cassius von selbst zur Besinnung kommen würde.

Als das nicht geschah, berief Marc Aurel seine Offiziere ein und gab eine erstaunliche Erklärung ab. Sie sollten gegen Cassius ins Feld ziehen und »den großen Preis des Krieges und des Sieges« erringen. Aber da es Marc Aurel war, der diesen Befehl gab, sah dieser Preis etwas anders aus.

Sie sollten alles tun, um Cassius lebend gefangen zu setzen. Sie sollten »einem Menschen vergeben, obwohl er ihnen Unrecht getan, die Freundschaft wahren, obwohl er sie verletzt, und die Treue halten, obwohl er sie gebrochen hat«.

Man hat dem Stoizismus vorgeworfen, er sei eine deprimierende Philosophie der Resignation. Dazu gibt es kaum einen besseren Gegenbeweis als das Leben von Marc Aurel. Wie schaffte er es, jeden Morgen auch nur aufzustehen? Woher nahm er die Kraft, mitfühlend zu sein und nach allem, was ihm widerfahren war, überhaupt noch etwas zu empfinden? Woher nahm er die Hoffnung? Woher die Überzeugung, dass all das einen Sinn hatte? Das alles fand er in seiner inneren Zitadelle.

Dann handelte er richtig und entschlossen, indem er Truppen nach Rom schickte, um die verängstigten Bürger zu beruhigen, und tat, was zu tun war: das Reich schützen und die Gefahr bannen. Er wütete nicht blind, sondern nahm diese Herausforderung genauso an wie alle vorigen: als Chance, zu wachsen, zu lernen und zu lehren. Seinen Männern sagte er, sie hätten nur einen einzigen Lohn aus dieser schweren Situation zu erwarten: »Diese Angelegenheit gut beizulegen und allen Menschen zu zeigen, dass dies der rechte Umgang mit Bürgerkriegen ist.«

Das Hindernis wird zum Weg.

Aber selbst die besten Absichten werden oft durchkreuzt. Die Geschicke von Cassius und Marc Aurel nahmen eine neue Wendung, als Cassius drei Monate später in Ägypten von einem Einzeltäter ermordet wurde. Damit endete sein Traum vom Kaiserthron. Und Marc Aurels Hoffnung, dem Verräter persönlich zu vergeben, löste sich in Luft auf.

Daraus ergab sich jedoch eine noch bessere Möglichkeit: die Chance, in sehr viel größerem Maßstab zu vergeben. Eine der Lieblingsmetaphern der Stoiker war das Feuer. In seinen Aufzeichnungen erinnerte sich Marc Aurel einmal: »Das flammende Feuer … gleicht alsbald die in es geworfenen Gegenstände sich selber an, verzehrt sie und lodert eben durch sie nur noch höher empor.«

Das Bild bezieht sich auf den unerwarteten Tod seines Gegenspielers, der dem Kaiser die Möglichkeit nahm, Gnade walten zu lassen. Also vergab Marc Aurel *allen* Beteiligten. Er nahm die Revolte nicht persönlich, denn so wurde er zu einem besseren Menschen, zu einem besseren Kaiser.

Als Marc Aurel kurz nach Cassius' Tod in der Provinz ankam, weigerte er sich, die Verschwörer hinrichten zu lassen. Er ließ keinen der Senatoren und Gouverneure verfolgen, die die Rebellen unterstützt hatten. Als einer der anderen Senatoren den Tod der Verräter forderte, schrieb er einfach: »Ich bitte euch, befleckt meine Herrschaft nicht mit dem Blut von Senatoren. Möge dies nie geschehen.«

Das Hindernis wird zum Weg.

Immer und immer wieder.

Es gibt Nadelbäume, deren Zapfen nur aufspringen und ihre Samen nur freigeben, wenn sie ungewöhnlicher Hitze ausgesetzt sind. Nur ein Waldbrand, der uns so zerstörerisch, erbarmungslos und furchtbar erscheint, ist in der Lage, das schöpferische Potenzial des Baums aufzuschließen.

Marc Aurel wusste nichts von diesem Baum, doch er verstand das Feuer ganz ähnlich, als er beobachtete, dass die Flammen alles, was sich ihnen in den Weg stellt, verzehren und in Hitze und Licht verwandeln. Als Mensch und als Kaiser hatte er die vielen Widrigkeiten nicht verdient, doch er verstand, mit ihnen umzugehen. Er machte sie sich zunutze. Nur mit ihrer Hilfe wurde er Marc Aurel. Wie der antike Historiker schrieb: »Ich bewunderte ihn umso mehr, als er inmitten dieser ungewöhnlichen und außerordentlichen Schwierigkeiten als Mensch überlebte und das Reich bewahrte.«

»›Ich Unglücklicher, dass mir das passieren musste!‹«, schrieb Marc Aurel in den *Selbstbetrachtungen*. »Nicht doch!«, schreibt er weiter und rügt diese selbstmitleidige Haltung. »Vielmehr: ›Ich Glücklicher, dass ich unbekümmert bleibe, trotzdem mir das passiert ist, ohne mich von meiner jetzigen Lage niederschmettern zu lassen oder Angst vor der Zukunft zu haben.‹ Denn so etwas hätte ja jedem passieren können, aber nicht jeder wäre bei solchem Ereignis unbekümmert geblieben!«

Es ist unwahrscheinlich, dass in nächster Zeit jemand einen bewaffneten Umsturz gegen Sie plant. Und es ist zu hoffen, dass Sie nicht mit Feuer in Berührung kommen, und dass es bei Ihren Hindernissen nicht gleich um Leben und Tod geht. Aber möglich ist es. Konkurrenten vermiesen Ihnen das Geschäft. Der Markt stürzt ab. Etwas geht zu Bruch. Sie erleben Verletzungen. Kräfte versuchen, Sie aufzuhalten. Es passiert etwas Schlimmes.

Doch selbst das können wir zu unserem Nutzen wenden. Immer.

Es ist eine Chance. Immer.

Es kann etwas in uns aufschließen, das unter normalen Umständen verschlossen bliebe.

Und wenn, wie im Fall von Marc Aurel, der andere mit seiner Gier und Macht Ihnen nur die Wahl lässt, ein guter

Mensch zu sein und Vergebung zu üben? Dann ist das immer noch eine ausgezeichnete Option.

Wie Sie sicher bemerkt haben, laufen alle Geschichten in diesem Buch genau darauf hinaus.

Person X steht etwas im Weg. Aber sie lässt sich nicht einschüchtern, sondern sieht dem Problem ins Auge. Sie setzt alle Kräfte daran, es zu lösen oder die Schwäche zu beseitigen. Auch wenn die Lösung manchmal anders aussieht als beabsichtigt oder erwartet, ist sie hinterher besser und stärker.

Was im Weg stand, wurde zum Weg. Was eine Handlung behinderte, bringt sie voran.

Das beflügelt. Es ist eine Kunst, die wir dringend lernen müssen.

Nicht alle Menschen, die vor einem Hindernis stehen – oft demselben, vor dem Sie und ich gerade stehen –, sehen einen Grund zur Hoffnungslosigkeit. Viele sehen ein Problem mit einer Lösung. Sie erkennen eine Chance, sich zu prüfen und zu verbessern. Nichts steht in ihrem Weg. Im Gegenteil, alles führt sie auf ihren Weg.

Das ist doch viel besser, oder? Diese Leichtigkeit und Biegsamkeit unterscheidet sich sehr von der Art, wie wir und die meisten anderen Menschen leben. Mit unseren Enttäuschungen, unserem Groll und unseren Frustrationen.

Wir können die »schlechten« Dinge, die uns widerfahren, mit Dankbarkeit sehen statt mit Bedauern, weil wir aus der Katastrophe einen Glücksfall machen, und aus der Niederlage einen Sieg.

Schicksal muss nicht fatalistisch sein. Es kann genauso gut Freiheit bedeuten.

Diese Menschen haben keine besondere Schule besucht (außer dass manche vielleicht mit den Weisheiten der Stoiker vertraut sind). Was sie können, können wir auch. Denn sie haben nur etwas aufgeschlossen, das in jedem von uns steckt. Gehärtet durch Widerstände und gestählt durch Prüfungen haben sie diese Kräfte erkannt: die Kräfte der Wahrnehmung, des Handelns und des Willens.

In diesem Dreiklang

- sehen sie richtig,
- handeln richtig,
- und akzeptieren die Welt, so wie sie ist.

Sehen Sie die Dinge so, wie sie sind, lassen Sie nichts unversucht, und verändern Sie mit festem Stand das, was sich verändern lässt. Diese drei Disziplinen unterstützen einander: Unser Handeln verleiht uns die Zuversicht, unsere Wahrnehmungen zu ignorieren und zu beherrschen. Wir bestätigen und stützen unseren Willen mit unserem Handeln.

Natürlich verlangt niemand von Ihnen, dass das von heute auf morgen passiert. Ein lateinisches Sprichwort besagt: *Vires acquirit eundo* – auf dem Weg werden wir stärker. Das ist unser Motto.

Wenn wir diese drei Disziplinen beherrschen, haben wir die Werkzeuge, um jedes Hindernis umzukehren und für uns zu nutzen. Wir sind jedes Hindernisses würdig.

Natürlich reicht es nicht aus, das einfach zu lesen und nachzusprechen. Wir müssen uns in diesen drei Disziplinen üben, sie immer wieder im Geist durchspielen und nach ihnen handeln, bis sie uns in Fleisch und Blut übergehen.

Damit wir durch Druck und Prüfungen besser werden – bessere Menschen, bessere Führungspersönlichkeiten, bessere Denker. Denn diese Prüfungen sind unvermeidlich, und sie hören nie auf.

Aber machen Sie sich keine Sorgen. Sie sind nun auf dieses Leben der Hürden und Widerstände vorbereitet. Sie wissen, wie Sie damit umzugehen haben, wie Sie Hindernisse nicht nur aus dem Weg räumen, sondern auch noch von ihnen profitieren. Sie verstehen den Prozess.

Sie sind geschult in der Kunst, Ihre Wahrnehmungen und Eindrücke selbst zu steuern. Wie Rockefeller bleiben Sie unter Druck ruhig und sind immun gegen Angriffe und Beleidigungen. Selbst in der aussichtslosesten Lage erkennen Sie Ihre Chance.

Sie handeln zielstrebig, energisch und hartnäckig. Wie Demosthenes übernehmen Sie Verantwortung für sich selbst, Sie bringen sich selbst bei, was Sie wissen müssen, beseitigen Ihre Schwächen, folgen Ihrem Ruf und nehmen Ihren wahren Platz im Leben ein.

Sie haben ein stählernes Rückgrat und einen starken Willen. Wie Lincoln verstehen Sie, dass das Leben eine Prüfung ist. Es wird nicht einfach, aber Sie sind bereit, alles zu geben, zu ertragen, beharrlich zu sein und andere mitzureißen.

Zahllose Namenlose standen vor denselben Problemen und Hindernissen und haben mit diesen Werkzeugen gehandelt. Diese Philosophie hat ihnen geholfen, ihre Hürden erfolgreich zu nehmen. Im Stillen haben sie die Hindernisse überwunden, die ihnen das Leben in den Weg stellte, und genau deshalb hatten sie Erfolg.

Das waren keine besonderen Menschen, und sie haben nichts getan, wozu wir nicht auch in der Lage wären. Was sie getan haben, ist einfach (auch wenn es Einsatz verlangt). Sagen wir es also noch einmal, um es nicht zu vergessen:

- Wir sehen die Dinge so, wie sie sind.
- Wir tun, was wir können.
- Wir ertragen, was wir müssen.

Was uns den Weg versperrt hat, ist jetzt der Weg.

Was unser Handeln behindert hat, befördert es.

Dein Hindernis ist Dein Weg.

NACHWORT

HERZLICHEN GLÜCKWUNSCH, SIE SIND JETZT PHILOSOPH

> Geistreiche Gedanken und selbst die Gründung einer Schule machen noch keinen Philosophen. Vielmehr heißt es … die Probleme des Lebens nicht nur theoretisch, sondern auch praktisch zu lösen.
>
> – Henry David Thoreau

Sie dürfen sich jetzt zur illustren Gesellschaft von Marc Aurel, Cato, Seneca, Thomas Jefferson, James Stockdale, Epiktet, Theodore Roosevelt, George Washington und vielen anderen zählen.

Neben vielen anderen studierten und praktizierten alle diese Männer den Stoizismus – das wissen wir mit Sicherheit. Sie waren keine Akademiker, sondern Tatmenschen. Marc Aurel war Kaiser des mächtigsten Weltreichs aller Zeiten. Cato der Jüngere, das moralische Vorbild vieler Philosophen, schrieb nie ein Wort, doch er verteidigte die Republik mit stoischem Mut, bis zu seinem Tod im Widerstand. Selbst der große Lehrer Epiktet hatte alles andere als ein gemütliches Leben – er war ein ehemaliger Sklave. Sowohl er als auch Seneca mussten sich in der surrealen und erschreckenden Welt von Neros Regime zurechtfinden.

Friedrich der Große soll die Werke der Stoiker immer in seinen Satteltaschen bei sich getragen haben, weil sie ihm eine Stütze im Unglück waren. Montaigne, der Politiker und Essayist, ließ ein Epiktet-Zitat in einen Deckenbalken seines Studierzimmers schnitzen, in dem er die meiste Zeit zubrachte. George Washington wurde im Alter von siebzehn Jahren von seinen Nachbarn in die Philosophie der Stoiker eingeführt, und ließ im dunklen Revolutionswinter von Valley Forge ein Theaterstück über Cato aufführen, um seine Männer aufzumuntern.

Als Thomas Jefferson starb, fand man auf seinem Nachttisch ein Buch von Seneca. Adam Smiths Theorien über die Vernetzung der Welt – den Kapitalismus – standen ganz unter dem Einfluss der stoischen Philosophie, die er schon in der Schule kennengelernt hatte, weil einer seiner Lehrer Übersetzer von Marc Aurel war. Der bekannte französische Maler Eugène Delacroix (vor allem bekannt durch sein Gemälde *Die Freiheit führt das Volk*) war ein praktizierender Stoiker und bezeichnete die Philosophie als seine »tröstliche Religion«. Toussaint Louverture, der ehemalige Sklave, der es mit Napoleon aufnahm, war zutiefst von den Werken Epiktets beeindruckt. Der politische Denker John Stuart Mill schrieb in seinem Buch *Über die Freiheit* über Marc Aurel und bezeichnete den Stoizismus als das »vornehmste moralische Erzeugnis des antiken Geistes«.

Thomas Wentworth Higginson, ein Übersetzer von Epiktets Werken, führte nicht nur schwarze Truppen im Bürgerkrieg an, sondern war auch ein glühender Verfechter der Frauenrechte und half bei der Veröffentlichung der Gedichte von Emily Dickinson.

Der Schriftsteller Ambrose Bierce, ein weiterer Veteran des Amerikanischen Bürgerkriegs und Zeitgenosse von Mark Twain und H.L.Mencken, empfahl angehenden Autoren die Lektüre von Seneca, Marc Aurel und Epiktet, weil sie von ihnen lernen könnten, »würdige Gäste an der Tafel der Götter« zu sein. Theodore Roosevelt brach nach seiner Präsidentschaft zu einer achtmonatigen Expedition in den unerforschten Amazonas-Regenwald auf, und unter den acht Büchern, die er mitnahm, waren Marc Aurels *Selbstbetrachtungen* und Epiktets *Handbüchlein der Moral*.

Beatrice Webb, die englische Sozialreformerin und Erfinderin der Tarifverhandlungen, erinnerte sich später gern an die *Selbstbetrachtungen* als ihr »Gebetbuch«. Die Percys, eine prominente Südstaaten-Dynastie, die Pflanzer, Politiker und Schriftsteller hervorbrachte und während der Flut des Jahres 1927 tausenden Menschen das Leben rettete, waren bekannte Anhänger der Stoiker – »wenn alles verloren ist, hält diese Philosophie stand«, schrieb einer von ihnen.

Im Jahr 1908 stiftete der Bankier, Industrielle und Senator Robert Hale Ives Goddard der Brown University ein Reiterstandbild von Marc Aurel. Achtzig Jahre später schrieb der sowjetische Dichter, Dissident und politische Häftling Joseph Brodsky in einem Aufsatz über das Original dieser Statue in Rom: »Die *Selbstbetrachtungen* mögen antik sein, aber wir sind es, die in Trümmern liegen.« Wie Brodsky verbrachte auch James Stockdale lange Zeit in Gefangenschaft – siebeneinhalb Jahre in einem Lager der Vietcong. Als er mit seinem Fallschirm absprang, sagte er sich: »Ich verlasse die Welt der Technik und betrete die Welt von Epiktet.«

Heute liest Bill Clinton einmal im Jahr das Büchlein von Marc Aurel. Der ehemalige chinesische Premierminister Wen Jinbao behauptet, er trage die *Selbstbetrachtungen* immer bei sich und habe sie im Laufe seines Lebens über hundert Mal gelesen. Der Investor und Bestsellerautor Tim Ferriss bezeichnet den Stoizismus als sein »Betriebssystem« – und in der Tradition seiner Vorgänger hat er ihn erfolgreich im Silicon Valley verbreitet.

General James Mattis hatte die *Selbstbetrachtungen* bei seinen Einsätzen in der ganzen Welt im Gepäck. Viele Mitglieder der Hall of Fame haben die Stoiker gelesen, darunter Tony Gonzalez, Dont'a Hightower, Rory McIlroy, Manu Ginóbili, Carli Lloyd und Chris Bosh. Das Gleiche gilt für Schauspieler wie Zooey Deschanel, Musiker wie Camila Cabello und Randy Blythe, sowie für Komiker und gewählte Volksvertreter, die Sie kennen und bewundern.

Vielleicht kämen Sie nie auf den Gedanken, sich selbst als Philosoph zu bezeichnen, genau wie die genannten Männer und Frauen. Aber sie waren es trotzdem. Und Sie sind es jetzt auch. Sie sind ein Tatmensch. Und der

Faden des Stoizismus zieht sich durch Ihr Leben – genau wie durch das Leben dieser Menschen und durch die Geschichte.

Philosophie ist nicht nur etwas, worüber man liest. Sie ist etwas, über das man nachdenkt, über das man schreibt, über das man spricht, das man lehrt und anwendet. Das Wesen der Philosophie ist die Tat – sie hilft uns, Hindernisse im Kopf zu drehen und für uns zu nutzen. Unsere Probleme zu verstehen und einzuordnen. Die Dinge philosophisch zu betrachten und richtig zu handeln.

Wie ich Ihnen in diesem Buch zeigen wollte, haben zahllose Menschen die besten Praktiken des Stoizismus angewendet, ohne es zu wissen. Diese Menschen waren keine Schriftsteller oder Akademiker, sondern standen mit beiden Beinen im Leben – genau wie Sie.

Im Laufe der Jahrhunderte geriet diese Weisheit jedoch in Vergessenheit, Akademiker sperrten sie in Bibliotheken, vereinnahmten und verkomplizierten sie (wenn sie den Stoizismus nicht als »Selbsthilfe« abtaten und ganz ignorierten). Damit verlor diese Philosophie ihren wahren Nutzen als Betriebssystem für den Umgang mit den Schwierigkeiten des Lebens.

Aber Philosophie gehört nicht in den Elfenbeinturm. Philosophie bietet Lektionen für das Schlachtfeld des Lebens.

Epiktets berühmtes Buch heißt nicht umsonst »Handbüchlein« – es ist etwas, das wir immer zur Hand haben sollten. Genau das ist der Zweck der Philosophie: Sie sollen sie zur Hand haben, sie soll eine Erweiterung Ihrer selbst sein, ein Schutz gegen Angriffe, ein Werkzeug das Sie in dramatischen und alltäglichen Situationen anwenden können. Sie ist nichts, was man einmal liest und dann ins Regal stellt. Sie ist ein Instrument, um aus Fechtern Boxer zu machen, wie Marc Aurel einmal meinte – und um unsere Waffen zu gebrauchen, müssen wir die Hand nur zur Faust ballen.

Ich hoffe, dass dieses Buch einen Beitrag dazu geleistet hat, Ihnen diese Lektionen nahezubringen und an die Hand zu geben.

Nun sind Sie ein Philosoph und ein Tatmensch. Und das ist kein Widerspruch.

DANK

Ein Jahrzehnt nach Erscheinen gibt es noch viel mehr Menschen, denen ich danken muss, aber ich möchte die Danksagungen, die mir direkt nach der Fertigstellung angemessen erschienen, auch nicht leichtfertig ändern. Es hat sich so viel verändert (die Umstände, ich selbst und einige der unten genannten Personen), aber meine Dankbarkeit ist gewachsen. Ausgerechnet Dr. Drew Pinsky führte mich in den Stoizismus ein. Noch an der Universität lud mich Dr. Pinsky, damals Moderator der Radio-Talkshow *Loveline*, zu einem kleinen, privaten Treffen mit anderen College-Journalisten ein. Nach dem Treffen drückte ich mich in einer Ecke herum und schob mich schließlich nervös heran, um ihn zu fragen, ob er mir ein Buch empfehlen könne. Er sagte, er beschäftige sich mit einem Philosophen namens Epiktet, und den solle ich mir doch einmal ansehen.

Wieder im Hotel, bestellte ich sein *Handbüchlein* bei Amazon, zusammen mit den *Selbstbetrachtungen* von Marc Aurel. Letzteres kam zuerst, und seither hat sich mein Leben radikal verändert.

Ich möchte meiner Freundin (inzwischen Ehefrau) Samantha danken, die ich mehr liebe als irgendjemand sonst auf der Welt. Wir waren erst seit einigen Wochen zusammen, doch ich wusste, dass sie ein besonderer Mensch war, als sie in den Buchladen ging und sich die *Selbstbetrachtungen* kaufte, von denen ich ihr vorgeschwärmt hatte. Sie verdient meinen besonderen Dank, weil sie auch meine vielen weniger stoischen Momente ertragen hat. Danke, dass du mich bei vielen Spaziergängen begleitet hast, bei denen ich laut nachgedacht habe. Auch meinem Hund Hanno gebührt großer Dank, weil er mich dauernd daran erinnert, im Hier und Jetzt der wahren und aufrichtigen Freude zu leben (R. I. P.).

Dieses Buch wäre nicht möglich gewesen ohne Nils Parker, der es in langen Gesprächen und mit vielen Vorschlägen mitgestaltet hat. Es wäre auch nicht entstanden ohne meinen Agenten Stephen Hanselman, der sich dafür stark gemacht hat, und meine Lektorin Niki Papadopoulos, die von Anfang an daran geglaubt und sich dafür eingesetzt hat, obwohl es sich erheblich von meinem ersten Buch unterscheidet. Danke auch meinem Verleger Adrian Zackheim, der mir eine Heimat bei Portfolio gegeben hat.

Außerdem danke ich meinem Lehrer und Mentor Robert Greene, der mir nicht nur viele der hier erwähnten Bücher, sondern auch die Kunst des Schreibens nahegebracht hat. Seine Anmerkungen zu meinen Entwürfen waren Gold wert.

Dank auch an Aaron Ray. Dank an Tim Ferriss, der mich schon 2009 bat, für seine Website einen Artikel über Stoizismus zu schreiben, und der in einer langen Unterhaltung in Amsterdam viele Anregungen zu diesem Buch beigesteuert hat.

Ich danke Jimmy Soni und Rob Goodman für ihre ausgezeichneten Anmerkungen (und ihr Buch über Cato),

Shawn Goyne für die Idee einer Dreiteilung des Buchs, Brett Mckay von artofmanliness.com für seine Lektürehinweise, und Matthias Meister und seine Jiu-Jitsu-Lektionen. Dank an Garland Robinette, Amy Holiday, Brent Underwood und Michael Tunney für ihre Gedanken und ihr Feedback. Dank auch an /r/stoicism auf reddit, eine großartige Gemeinschaft, die viele meiner Fragen beantwortete und neue aufwarf.

Neben den Quellen möchte ich den vielen Menschen und Autoren danken, die mir die Geschichten und Gedanken in diesem Buch geliefert haben – von vielen Lektionen war ich so beeindruckt, dass ich sie gar nicht ausreichend als Quelle benennen kann. Ich sehe dieses Buch als Sammlung der Gedanken und Taten von Menschen, die besser und klüger sind als ich. Ich hoffe, Sie lesen das Buch genauso und sehen, wessen Verdienst es in Wahrheit ist.

Und schließlich danke ich dem National Arts Club, dem Los Angeles Athletic Club, der New York Public Library, den Bibliotheken der University of California in Riverside, The Painted Porch und einer ganzen Reihe von Cafés und Flugzeugen, in denen dieses Buch entstanden ist.

DIE STOISCHE LESELISTE

Der Stoizismus ist vielleicht die einzige philosophische Richtung, deren Originaltexte klarer und lesbarer sind als alles, was zu ihrer Erklärung geschrieben wurde. Was fantastisch ist, denn so können Sie einfach mitten hineinspringen und an die Quelle gehen. Diese Autoren sind so zugänglich, dass jeder sie lesen kann.

Selbstbetrachtungen von Marc Aurel (Kröner). Die Standardübersetzung von Marc Aurel.

Vom glückseligen Leben von Seneca (Kröner). Wenn Sie den Stoizismus kennenlernen wollen, sind Seneca oder Marc Aurel der beste Einstieg. Seneca muss ein lebensfroher Mensch gewesen sein, was für Stoiker recht selten ist. Ich würde Ihnen empfehlen, mit *Vom glückseligen Leben* zu beginnen und dann seine Briefe (die eigentlich Aufsätze sind) in der Gesamtausgabe zu lesen, die auf Deutsch unter dem Titel *Das große Buch vom glücklichen Leben* (Anaconda) erschienen ist.

Das Handbüchlein der Moral und Unterredungen von Epiktet (Kröner). Von den Großen Drei klingt Epiktet am ehesten wie ein Moralapostel und ist am wenigsten zugänglich. Aber hin und wieder bringt er etwas so unmissverständlich auf den Punkt, dass es Sie bis in die Grundfesten erschüttert.

WEITERE BÜCHER UND AUTOREN

Der große moderne Gelehrte des Stoizismus ist Pierre Hadot. Während andere Wissenschaftler entweder am Thema vorbeischreiben oder die Sache unnötig komplizieren, schafft es Hadot, zu klären. Seine Interpretation von Marc Aurel in seinem Buch *Die innere Burg* – dass der Kaiser hier nämlich kein systematisches Weltbild entwarf, sondern sich im Denken übte – markiert einen großen Fortschritt. In seinem Buch *Philosophie als Lebensform* erklärt er, warum die Philosophie als »Sprechen über die Welt« missverstanden wurde, statt als etwas, das Menschen tun. Wenn Sie in die philosophische Praxis hineinspringen wollen, dann sollten Sie Hadot lesen.

Ich empfehle auch Donald Robertsons *Biographie Marcus Aurelius: The Stoic Emperor*, James Romm's *Seneca und der Tyrann* und Emily Wilson's *Seneca: A Life.*

EMPFEHLUNGEN

Dieses Buch und seine Geschichten sind das Ergebnis von vielen Büchern, die ich entdecken durfte. Jeden Monat verschicke ich meine Lektüreempfehlungen in einer E-Mail an Freunde und Bekannte. Die Liste begann mit rund vierzig Empfängern und wird heute von mehr als 10.000 Menschen in aller Welt gelesen. Auf diesem Weg habe ich in den vergangenen fünf Jahren mehr als tausend Bücher vorgestellt und mit meinen Mitlesern diskutiert. Wenn Sie diese Empfehlungen erhalten wollen, registrieren Sie sich unter *https://ryanholiday.net/reading-list/*.

Sie finden Ryan Holiday auch auf Facebook, Instagram und X/Twitter: *@RyanHoliday*

AUSGEWÄHLTE LITERATUR

Alinsky, Saul. *Anleitung zum Mächtigsein*. Bornheim-Merten: Lamuv-Verlag, 1984.

Aurel, Marc. *Selbstbetrachtungen*. Übersetzt von Wilhelm Capelle: Stuttgart: Alfred Kröner Verlag, 1973.

Bakewell, Sarah. *Wie soll ich leben? Oder: Das Leben Montaignes in einer Frage und zwanzig Antworten*. München: Beck, 2012.

Becker, Gavin de. *Mut zur Angst: Wie Intuition uns vor Gewalt schützt*. Frankfurt: Krüger, 1999.

Bell, Madison Smartt. *Toussaint Louverture: A Biography*. New York: Pantheon, 2007.

Bonforte, John. *The Philosophy of Epictetus*. Literary Licensing, LLC, 2011.

Brodsky, Joseph. *Von Schmerz und Vernunft: Hardy, Rilke, Frost und andere*. München: Hanser, 1996.

Carroll, Paul B. und Chunka Mui. *Teure Lektionen: Was Sie von den schlimmsten Managementfehlern lernen können und wie Sie sie vermeiden*. München: Finanzbuch-Verlag, 2009.

Chernow, Ron. *John D. Rockefeller: Die Karriere des Wirtschaftstitanen*. Rosenheim: TM-Börsenverlag, 2000.

Cicero, Marcus Tullius. *Ausgewählte Schriften*. Band 1: *Philosophische Schriften*. Übersetzt von Rainer Nickel und Olof Gigon. Düsseldorf: Artemis und Winkler, 2008.

Cohen, Herb. *Sie können alles erreichen: Wie man in Verhandlungen oder in Gesprächen seine Ziele und Ansichten durchsetzt*. München: Heyne, 1982.

Cohen, Rich. *The Fish That Ate the Whale: The Life and Times of America's Banana King*. New York: Farrar, Straus and Giroux, 2012.

Critchley, Simon. *The Book of Dead Philosophers*. New York: Vintage, 2009.

Dio, Cassius. *Römische Geschichte*, Übersetzt von Otto Veh, Düsseldorf: Artemis und Winkler, 2007.

Doyle, Charles Clay, Wolfgang Mieder und Fred R. Shapiro. *The Dictionary of Modern Proverbs*. New Haven: Yale University Press, 2012.

Earhart, Amelia. *The Fun of It: Random Records of My Own Flying and of Women in Aviation*. Reprint edition. Chicago: Academy Chicago Publishers, 2000.

Emerson, Ralph Waldo. *Essays*. Übersetzt von Karl Federn. Halle: Hendel: o.J. www.gutenberg.spiegel.de/autor/ralph-waldo-emerson-1455

Epiktet. *Das Handbüchlein der Moral und Unterredungen*. Herausgegeben von Heinrich Schmidt. Stuttgart: Alfred Kröner Verlag, 1984.

Epikur. *Philosophie der Freude. Eine Auswahl aus seinen Schriften*. Übersetzt von Johannes Mewaldt. Stuttgart: Kröner, 1973.

Evans, Jules. *Philosophie fürs Leben ... und für andere gefährliche Situationen*. München: Lotos, 2012.

Everitt, Anthony. *The Rise of Rome: The Making of the World's Greatest Empire*. New York: Random House, 2012.

Feynman, Richard P. *Classic Feynman: All the Adventures of a Curious Character*. Hg. v. Ralph Leighton. New York: W. W. Norton, 2005.

Frankl, Viktor E. *Trotzdem Ja zum Leben sagen. Ein Psychologe erlebt das Konzentrationslager*. München: Kösel, 1977.

Fraser, David. *Rommel: Die Biographie*. Berlin: Siedler, 1995.

Fronto, Marcus Cornelius. *Epistulae*. Leipzig: Teubner, 1988.

Goodman, Rob und Jimmy Soni. *Rome's Last Citizen: The Life and Legacy of Cato, Mortal Enemy of Caesar*. New York: Thomas Dunne Books, 2012.

Graham-Dixon, Andrew. *Caravaggio: A Life Sacred and Profane*. New York: W. W. Norton, 2012.

Grant, Ulysses S. *Memoirs and Selected Letters: Personal Memoirs of U. S. Grant/ Selected Letters, 1839–1865*. New York: Library of America, 1990.

Greenblatt, Stephen. *Will in der Welt: Wie Shakespeare zu Shakespeare wurde*. Berlin: Berlin-Verlag, 2004.

Greene, Robert. *Power: Die 48 Gesetze der Macht*. München: Hanser, 1999.

———. *Die 33 Gesetze der Strategie*. München: Hanser, 2007.

———. *Perfekt: Der überlegene Weg zum Erfolg*. München: Hanser, 2013.

Greene, Robert und 50 Cent. *Geld, Macht, Freiheit: 10 Gesetze für den täglichen Businesskampf*. München: Redline, 2009.

Greitens, Eric. *The Heart and the Fist: The Education of a Humanitarian, the Making of a Navy SEAL*. New York: Houghton Mifflin Harcourt, 2011.

Hadot, Pierre. *Die innere Burg: Anleitung zu einer Lektüre Marc Aurels*. Frankfurt: Eichborn, 1997.

———. *Philosophie als Lebensform: Geistige Übungen in der Antike*. Berlin: Gatza, 1991.

———. *Wege zur Weisheit oder was lehrt uns die antike Philosophie?* Frankfurt: Eichborn, 1999.

Haley, Alex. *Malcolm X – die Autobiographie*. Bremen: Agipa Press, 1992.

Hart, B. H. Liddell. *Strategie*. Wiesbaden: Rheinische Verlags-Anstalt, 1955.

Heraklit. *Fragmente*. In: *Die Fragmente der Vorsokratiker*. Übersetzt von Hermann Diels. 1. Band. Berlin, 1922. http://www.zeno.org/Philosophie/M/Heraklit+aus+Ephesus/Fragmente

Hirsch, James S. Hurricane. *The Miraculous Journey of Rubin Carter*. New York: Houghton Mifflin Harcourt, 2000.

Isaacson, Walter. *Steve Jobs: Die autorisierte Biografie des Apple-Gründers*. München: Bertelsmann, 2011.

John, Tommy und Dan Valenti. *TJ: My 26 Years in Baseball*. New York: Bantam, 1991.

Johnson, Jack. *My Life and Battles*. Washington, DC: Potomac Books, 2009.

Johnson, Paul. *Churchill*. New York: Viking, 2009.

———. *Napoleon: A Life*. New York: Viking, 2002.

Johnson, Samuel. *The Witticisms, Anecdotes, Jests, and Sayings, of Dr. Samuel Johnson, During the Whole Course of His Life*. Farmington Hills, MI: Gale ECCO Press, 2010.

Josephson, Matthew. *Thomas Alva Edison: Biographie*. München: Kreisselmeier, 1969.

Kershaw, Alex. *Der Befreier: Die Geschichte eines amerikanischen Soldaten im Zweiten Weltkrieg*. München: Deutscher Taschenbuch Verlag, 2014.

Lickerman, Alex. *The Undefeated Mind: On the Science of Constructing an Indestructible Self*. Deerfield Beach: HCI, 2012.

Lorimer, George Horace. *Old Gorgon Graham: More Letters from a Self-Made Merchant to His Son*. New York: Cosimo Classics, 2006.

McCain, John, und Mark Salter. *Faith of My Fathers: A Family Memoir*. New York: HarperCollins, 1999.

McPhee, John. *Schlagabtausch: Die Ebenen des Spiels*. Stuttgart: Klett-Cotta, 1994.

———. *A Sense of Where You Are: Bill Bradley at Princeton*. New York: Farrar, Straus and Giroux, 1999.

Marden, Orison Swett. *An Iron Will*. Radford, VA: Wilder Publication, 2007.

———. *How They Succeeded: Life Stories of Successful Men Told by Themselves*. Hong Kong: Forgotten Books, 2012.

Meacham, Jon. *Thomas Jefferson: The Art of Power*. New York: Random House, 2012.

Millard, Candice. *The River of Doubt: Theodore Roosevelt's Darkest Journey*. New York: Doubleday, 2005.

———. *Destiny of the Republic: A Tale of Madness, Medicine and the Murder of a President*. New York: Doubleday, 2011.

Montaigne, Michel de. *Essais*. Erste moderne Gesamtübersetzung von Hans Stilett. Frankfurt: Eichborn, 1998.

Morris, Edmund. *The Rise of Theodore Roosevelt*. New York: Random House, 2010.

Musashi, Miyamoto. *Das Buch der fünf Ringe*. Übersetzt von Tino Klemmer. Wiesbaden: Marix Verlag, 2013.

Oates, Whitney J. *The Stoic and Epicurean Philosophers: The Complete Extant Writings of Epicurus, Epictetus, Lucretius, Marcus Aurelius*. New York: Random House, 1940.

Paul, Jim, und Brandon Moynihan. *Was Gewinner von Verlierern unterscheidet*. München: Finanzbuch-Verlag, 1998.

Percy, William Alexander. *Lanterns on the Levee: Recollections of a Planter's Son*. Baton Rouge: LSU Press, 2006.

Plutarch. *Große Griechen und Römer*. Herausgegeben von Konrat Ziegler, Zürich: Artemis, 1954–1965.

Pressfield, Stephen. *The War of Art: Winning the Inner Creative Battle*. New York: Rugged Land, 2002.

———. *Turning Pro: Tap Your Inner Power and Create Your Life's Work*. New York: Black Irish Entertainment, 2012.

———. *The Warrior Ethos*. New York: Black Irish Entertainment, 2011.

Ries, Eric. *Lean Startup: Schnell, risikolos und erfolgreich Unternehmen gründen*. München: Redline, 2012.

Roosevelt, Theodore. *Strenuous Epigrams of Theodore Roosevelt*. New York. HM Caldwell, 1904.

Sandlin, Lee. »Losing the War«. *Chicago Reader*. 6. März 1997.

———. *Storm Kings: The Untold History of America's First Tornado Chasers*. New York: Pantheon, 2013.

Schopenhauer, Arthur. *Parerga und Paralipomena. Kleine Philosophische Schriften*. Aus dem Nachlass. Berlin: A. W. Hahn, 1862.

Scott-Maxwell, Florida. *The Measure of My Days*. New York: Penguin, 1979.

Sellars, John. *Stoicism*. Berkeley: University of California Press, 2006.

Seneca, Lucius Annaeus. *Vom glückseligen Leben. Auswahl aus seinen Schriften.* Herausgegeben von Heinrich Schmidt. Stuttgart: Kröner, 1978.

———. *Das große Buch vom glücklichen Leben.* Übersetzt von Otto Apelt. Köln: Anaconda, 2014. Erstausgabe: *Philosophische Schriften in vier Bänden* (1924).

Shenk, Joshua Wolf. *Lincoln's Melancholy: How Depression Challenged a President and Fueled His Greatness.* New York: Houghton Mifflin Harcourt, 2005.

Sherman, William Tecumseh. *Memoirs of General W. T. Sherman.* (Library of America). New York: Library of America, 1990.

Simpson, Brooks D. *Ulysses S. Grant: Triumph Over Adversity, 1822–1865.* New York: Houghton Mifflin Harcourt, 2000.

Smiles, Samuel. *Selbsthilfe.* Leipzig: Reclam, 1920.

Smith, Jean Edward. *Eisenhower in War and Peace.* New York: Random House, 2012.

Stockdale, James B. *Courage Under Fire: Testing Epictetus's Doctrines in a Laboratory of Human Behavior.* Stanford: Hoover Institution Press, 1993.

Taleb, Nassim Nicholas. *Kleines Handbuch für den Umgang mit Unwissen.* München: Knaus, 2013.

———. *Antifragilität: Anleitung für eine Welt, die wir nicht verstehen.* München: Knaus, 2013.

Taliaferro, John. *All the Great Prizes: The Life of John Hay, from Lincoln to Roosevelt.* New York: Simon & Schuster, 2013.

Vasari, Giorgio. *Lebensläufe der berühmtesten Maler, Bildhauer und Architekten.* Herausgegeben von Robert Steiner. Zürich: Manesse, 2005.

Vergil, *Aeneis.* Übersetzt von Edith und Gerhard Binder. Stuttgart: Reclam, 2008.

Washington, George. *Washington on Courage: George Washington's Formula for Courageous Living.* New York: Skyhorse Publishing, 2012.

Watson, Paul Barron. *Marcus Aurelius Antoninus.* New York: Harper & Brothers, 1884.

Wilder, Laura Ingalls. *Writings to Young Women from Laura Ingalls Wilder. Volume Two: On Life as a Pioneer Woman.* Nashville: Tommy Nelson, 2006.

Wolfe, Tom. *Ein ganzer Kerl.* München: Kindler, 1999.

———. *Die Helden der Nation.* Hamburg: Hoffmann und Campe, 1983.

Xenophon. *Kyrupädie. Die Erziehung des Kyros*, München: Artemis und Winkler, 1992.

Der tägliche Stoiker

Ryan Holiday, Stephen Hanselmann

Wie findet man das wahre Glück? Wie lässt sich Erfolg wirklich bemessen? Und wie geht man mit den Herausforderungen des Alltags wie Wut, Trauer und der Frage nach dem Sinn des Ganzen um? Was große Geister wie George Washington, Friedrich der Große, Weltklassesportler oder Top-Performer längst für sich entdeckt haben, liegt mit »Der tägliche Stoiker« erstmals gesammelt vor.
New York Times-Bestsellerautor Ryan Holiday und Stephen Hanselman haben das Wissen der Stoiker in 366 zeitlose Lektionen verpackt und zeigen, dass die Philosophie des Stoizismus nicht nur zeitlos, sondern gerade für unsere hektische und unsichere Zeit ein Segen ist.

432 Seiten | Hardcover mit Schutzumschlag | 24,99 € (D) | 25,70 € (A) | ISBN 978-3-95972-045-8